Houghton
Mifflin
Harcourt

SENDEROS

ESTÁNDARES COMUNES

Autoras

Alma Flor Ada

F. Isabel Campoy

SENDEROS

ESTÁNDARES COMUNES

Unidad 4

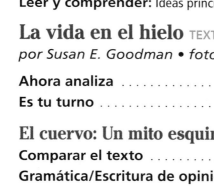

Manuela, ¡qué muela!
por Silvia Filiau

Unidad 5

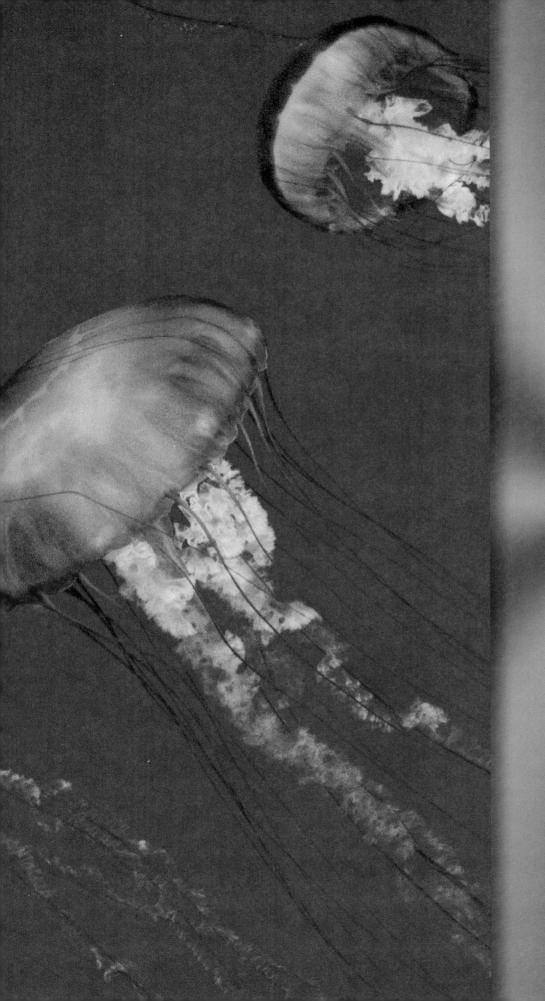

unidad 4

Vocabulario en contexto

✓ VOCABULARIO CLAVE

reciclar
proyecto
gotear
envase
complicado
contaminación
basura
apenas
sombra
planeta

Librito de vocabulario

Tarjetas de contexto

ESTÁNDARES COMUNES **L.3.6** acquire and use conversational, general academic, and domain-specific words and phrases

10

---

1 reciclar

Al reciclar botellas vacías, las personas logran que el vidrio pueda reutilizarse.

2 proyecto

Este huerto es un proyecto vecinal. Muchas personas trabajan ahí.

3 gotear

Este grifo está goteando. Desperdicia cada gota de agua.

4 envase

Esta caja de cartón, o cualquier otro envase, puede reciclarse.

Aprende en línea

▶ Estudia cada Tarjeta de contexto.

▶ Usa dos palabras del Vocabulario para redactar una nueva oración de contexto.

---

5 complicado

Clasificar el plástico puede ser una parte complicada, o difícil, del reciclaje.

---

6 contaminación

La contaminación acústica, o el ruido muy fuerte, puede dañar los oídos.

---

7 basura

Cuanta más basura, o residuos, producen las personas, más espacio ocupa.

---

8 apenas

Algunos focos de luz gastan mucha energía. Este usa apenas un poco.

---

9 sombra

La sombra de este árbol mantiene la casa fresca durante el verano.

---

10 planeta

La contaminación del aire es un problema que afecta a todo el planeta.

Leer y comprender

Aprende en línea

☑ DESTREZA CLAVE

Estructura del cuento Cada parte principal de un cuento se desarrolla a partir de secciones previas del cuento. Mientras lees *Judy Moody salva el planeta*, presta especial atención a los detalles sobre los personajes, el entorno y los sucesos de la trama en el **primer capítulo.** Luego, observa de qué manera esos detalles se usan en el **segundo capítulo** para continuar el cuento. Usa un organizador gráfico como el siguiente como ayuda para relacionar los personajes, los entornos y la trama de cada capítulo.

Entorno	Personajes
Trama	
Capítulo 1 Capítulo 2	

☑ ESTRATEGIA CLAVE

Verificar/Aclarar Mientras lees, **verifica** u observa todos los detalles del cuento que te resulten confusos. Vuelve a leer o sigue leyendo como ayuda para **aclarar** o comprender qué ocurre.

ESTÁNDARES COMUNES

RL.3.3 describe characters and explain how their actions contribute to the sequence of events; **RL.3.5** refer to parts of stories, dramas, and poems/describe how each part builds on earlier sections

Cuidado de los recursos

Cuando las personas cuidan los recursos del medio ambiente, tratan de no desperdiciarlos. Esos recursos pueden ser el agua, los alimentos y el combustible para calentar las casas. Como el número de personas que viven en la Tierra es cada vez mayor, el cuidado de los recursos del medio ambiente se ha vuelto más importante. Reciclar y reutilizar materiales son maneras de cuidar los recursos.

Puede ser difícil hallar un equilibrio entre el cuidado de los recursos y las cosas que se necesitan. En este cuento, Judy Moody tiene un plan para enseñar a su familia a cuidar los recursos. Se da cuenta de que su plan no es tan sencillo como cree.

Lección 16

TEXTO PRINCIPAL

✅ DESTREZA CLAVE

Estructura del cuento

Relaciona y compara los personajes, el entorno y los sucesos de la trama de los capítulos mientras lees el cuento.

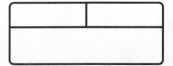

✅ GÉNERO

La **ficción humorística** es un cuento gracioso e imaginativo que puede ser realista o no. Mientras lees, busca:

▶ sucesos del cuento que tengan el propósito de entretener,

▶ personajes que se comportan de manera graciosa y

▶ una trama con un comienzo, un desarrollo y un final.

RL.3.5 refer to parts of stories, dramas, and poems/describe how each part builds on earlier sections; **RL.3.9** compare and contrast themes, settings, and plots of stories by the same author

14

CONOCE A LA AUTORA

Megan McDonald

En una ocasión, Megan McDonald estaba de visita en una escuela y algunos estudiantes le preguntaron: "¿Alguna vez estás de mal humor?". Esto hizo que la autora pensara en crear un personaje que pasa por muchos estados de ánimo diferentes. ¡Había nacido Judy Moody! Muchas de las aventuras de Judy Moody en realidad le sucedieron a McDonald cuando era niña.

CONOCE AL ILUSTRADOR

Peter H. Reynolds

Peter Reynolds y su hermano mellizo empezaron a escribir sus propios libros cuando tenían unos siete años de edad. Desde entonces, Reynolds ha seguido dibujando y relatando cuentos. Después de ilustrar más de siete libros de Judy Moody, siente como si la familia de Judy Moody fuera parte de su propia familia.

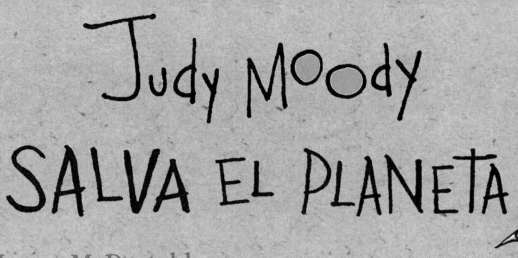

Judy Moody
SALVA EL PLANETA

por Megan McDonald

ilustrado por Peter H. Reynolds

15

Locos por las cáscaras

—Atención, todos, llegó la hora de Ciencias —dijo el señor Todd—. Vamos a seguir con el tema del medio ambiente. Están talando todos los bosques ecuatoriales. Cuando ustedes toman una medicina, juegan con una pelota o inflan un globo, están utilizando cosas que vienen del bosque tropical. Aquí, en este país, los centros comerciales están sustituyendo los bosques, y nos estamos quedando sin sitios donde echar tanta basura. Hoy vamos a ver algunas formas de ayudar a salvar el planeta. A veces es bueno empezar por cosas pequeñas. Piensen en cosas que pueden hacer en casa y en la escuela. ¿Alguna idea?

—No dejar la luz encendida —dijo Hailey.

—Reciclar el papel de las tareas —contestó Frank.

—Y las latas y botellas y todo eso —propuso Leo.

—Convertir la basura en abono —añadió Rocky.

—Sí —asintió el señor Todd—. Eso se llama hacer compost.

Judy levantó la mano y la nota se le cayó al suelo.

—¡Plantar árboles!

—No tirar papeles al suelo —dijo Jessica Finch.

—No lo tiré —contestó Judy mientras recogía la nota. Tachó Finch en el papel y puso "Chinch". ¡Ufffff! Cuando a Jessica Finch le daba por enchinchar, Judy se ponía con los nervios de punta.

—¡Estupendo! —los felicitó el señor Todd—. Todas esas ideas son buenas. Miren a su alrededor, en casa, en la escuela, en el patio, no sólo durante la clase de Ciencias. ¿Cómo podemos cuidar el planeta? ¿Cómo podemos hacer que sea mejor el mundo que nos rodea? Todos podemos poner de nuestra parte. Basta con que una persona cambie de actitud.

¡Una persona! ¡Ella, Judy Moody, podía salvar el planeta!

Sabía por dónde empezar. Por una cáscara de plátano.

• • •

Esa tarde, a la salida de la escuela, Judy le preguntó a Rocky:

—Oye, ¿puedes venir a mi casa a comer plátanos?

—Claro. ¿Me puedo comer cuatro?

—¡Mejor! Es para hacer compost.

—¡Buena idea! Me los comeré sin chistar.

Judy y Rocky se comieron cada uno un plátano y medio. El cuarto plátano se lo dieron a Mouse, la gata de Judy. Después, Judy echó las cuatro cáscaras de plátano en un balde.

—¿Por qué no hacemos un cartel que diga CONVIERTE LA BASURA EN ABONO y se lo pegamos al balde? —propuso Rocky.

—¡Eso! Así mañana podremos decirle al señor Todd que ya hemos empezado a curar el mundo.

—¡Grandioso! —dijo Rocky.

—Espera un poco. ¿Cómo no lo había pensado antes? ¡CURA EL MUNDO! ¡Eso es!

—¿Qué?

—La curita. Para el concurso de Curitas Locas. Ya verás.

Judy subió corriendo a su cuarto y volvió con papel y plumones. En la mesa de la cocina, Rocky hizo un cartel para el balde del compost, mientras Judy dibujaba la bola del mundo con una curita puesta. Luego, escribió debajo CURA EL MUNDO con su mejor letra mayúscula. Después, dibujó cáscaras de plátano alrededor.

Stink entró en la cocina.

—¿Qué estás dibujando? —le preguntó a su hermana.

—Cáscaras de plátano.

—Para el concurso de las Curitas Locas —le aclaró Rocky.

—¿Y decías que los murciélagos eran raros? Ni la mitad que las cáscaras de plátano.

Stink vio el frutero vacío sobre la mesa.

—¡Eh! ¿Quién se ha comido todos los plátanos?

—¡Mouse! —contestó Judy.

Judy y Rocky se revolcaron en el suelo de la risa.

—¡Imposible!

—Mírale los bigotes —dijo Judy.

Stink se agachó y acercó su cara a la de la gata.

—¡Caramba! Mouse tiene restos de plátano en los bigotes.

—Te lo dije.

—Voy a decirle a mamá que te comiste todos los plátanos y que le diste uno a Mouse.

—Dile que ha sido por la ciencia. Verás, en esta casa va a haber algunos cambios a partir de ahora.

—Mira, estamos haciendo compost —explicó Rocky—. ¿Ves? —le enseñó el cartel.

—Toma un siglo convertir la basura en abono —comentó Stink.

—Stink, tú sí que te vas a convertir en abono ya mismo como no te marches y nos dejes en paz.

El señor Basura

Cuando Judy se despertó a la mañana siguiente, todavía estaba oscuro. Tomó la linterna y el cuaderno. Después, bajó de puntillas a la cocina para empezar a salvar el planeta.

Esperaba poder alcanzar a hacerlo antes del desayuno. Se preguntó si otras personas que hacen del mundo un sitio mejor se ven obligadas a hacerlo en silencio y a oscuras, para que no se despierten sus padres.

Ella, Judy Moody, se sentía como el señor Basura. El señor Basura era el gremlin bueno de la basura en un cómic de Stink, uno que se hizo una casa con bolsitas de papas fritas y botellas. Reciclaba todo, hasta los palitos de las paletas. Y jamás utilizaba nada proveniente del bosque tropical.

Hmm... cosas procedentes del bosque tropical. Ése sería un buen sitio por donde empezar. La goma venía del bosque tropical. Y el chocolate y las especias y cosas como el perfume... Hasta el chicle.

Judy recogió cosas por toda la casa y las amontonó en la cocina. Tabletas de chocolate, pasteles y helado de vainilla. El café de su padre. La bomba de destapar los sifones. Los chicles de la máquina de bolas de chicle de Stink. Un lápiz labial perdido en el bolso de su madre. Tan ocupada estaba en salvar el bosque tropical que ni siquiera oyó a su familia cuando entró en la cocina.

—¿Qué es lo que pasa? —preguntó su madre.

—¿Por qué estás a oscuras, Judy? —dijo su padre encendiendo la luz.

—¡Hey, mi máquina de chicles! —protestó Stink.

Judy abrió los brazos para cerrarles el paso.

—Ya no vamos a utilizar más esto. Viene todo del bosque tropical.

—¿Quién lo dice? —preguntó Stink.

—El señor Basura. Y el señor Todd. Se talan demasiados árboles para cultivar café y darnos maquillaje y chicles. El señor Todd dice que la Tierra es nuestro hogar y que tenemos que actuar para salvarla. No necesitamos nada de esto.

—¡Yo necesito el chicle! ¡Devuélveme mis chicles!

—¡Stink! No grites. ¿No has oído hablar nunca de la contaminación acústica?

—¿Está aquí mi café? —preguntó su papá rascándose la cabeza.

—¿Eso es helado, Judy? ¡Está goteando por toda la mesa! —dijo su madre mientras llevaba el envase chorreante al fregadero.

—¡Ruuuurrrrrrrr! —Judy hizo el ruido de la sierra eléctrica talando árboles.

—¡Está loca! —gritó Stink.

El padre volvió a poner en el armario el pastel de chocolate. Su madre quitó la bomba de la mesa de la cocina y la regresó al baño.

A continuación, el Plan B: Proyecto RECICLAJE. Ella, Judy Moody, demostraría a su familia cuánto daño causaban al planeta. Cada vez que viera a alguno tirando algo, lo apuntaría. Tomó el cuaderno y miró dentro del bote de la basura. Anotó:

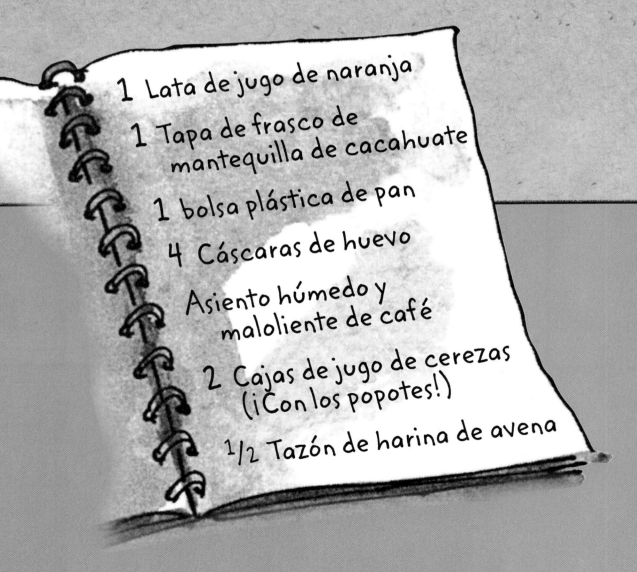

1 Lata de jugo de naranja

1 Tapa de frasco de mantequilla de cacahuate

1 bolsa plástica de pan

4 Cáscaras de huevo

Asiento húmedo y maloliente de café

2 Cajas de jugo de cerezas (¡Con los popotes!)

1/2 Tazón de harina de avena

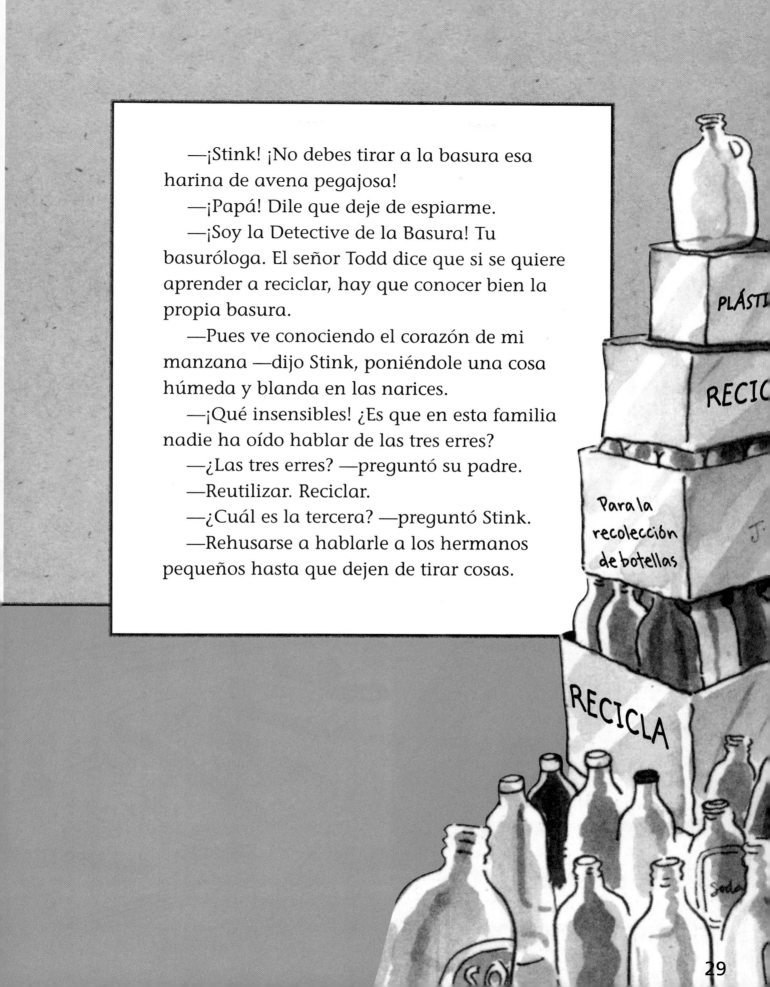

—¡Stink! ¡No debes tirar a la basura esa harina de avena pegajosa!

—¡Papá! Dile que deje de espiarme.

—¡Soy la Detective de la Basura! Tu basuróloga. El señor Todd dice que si se quiere aprender a reciclar, hay que conocer bien la propia basura.

—Pues ve conociendo el corazón de mi manzana —dijo Stink, poniéndole una cosa húmeda y blanda en las narices.

—¡Qué insensibles! ¿Es que en esta familia nadie ha oído hablar de las tres erres?

—¿Las tres erres? —preguntó su padre.

—Reutilizar. Reciclar.

—¿Cuál es la tercera? —preguntó Stink.

—Rehusarse a hablarle a los hermanos pequeños hasta que dejen de tirar cosas.

PLÁSTI

RECIC

Para la recolección de botellas

RECICLA

—¡Mamá! No voy a dejar de tirar las cosas por ahí sólo porque a Judy le ha dado un ataque antibasura.

—¡Mira todo lo que tiramos! —exclamó Judy—. ¿Sabías que una persona produce casi cuatro kilos de basura al día?

—Nosotros reciclamos todo el vidrio y las latas —dijo su madre.

—Y los periódicos —añadió su padre.

—¿Y esto? —preguntó Judy, sacando de la basura una bolsa de plástico—. ¡Esta bolsa de pan podría reutilizarse como monedero! O para forrar un libro.

—¿Qué hay con las cáscaras de huevo? —preguntó Stink—. ¿Y con el asiento del café?

ANALIZAR EL TEXTO

Estructura del cuento ¿Qué ocurrió en el primer capítulo que hizo que Judy se sintiera como el señor Basura en el segundo capítulo?

—Pueden emplearse como abono para las plantas. O para hacer compost —explicó Judy. En ese momento le llamó la atención algo que había en la basura. Lo sacó—. ¡Eh! ¡La cabaña de madera de Laura Ingalls Wilder que hice en Segundo!

—A mí me parece que es el museo del pegamento —dijo Stink.

—Lo siento, Judy —se excusó su madre—. Tendría que haberte preguntado antes, pero todo no se puede guardar, cariño.

—¡Recíclalo! —propuso Stink burlón—. ¡Puede servir de leña! O para hacer palillos de dientes.

—Eso no es chistoso, Stink.

—Judy, todavía no te has alistado para ir a la escuela. Ya hablaremos luego de esto —dijo su padre—. Es hora de vestirse.

Era inútil. Nadie le hacía caso. Judy subió, arrastrándose como un perezoso.

—Hoy no me voy a pintar los labios, si eso te hace sentir mejor —dijo su madre por las escaleras.

—Y yo tomaré sólo media taza de café —comentó su padre, aunque Judy pudo apenas oírle por encima del ruido de los granos de café en el molinillo.

Su familia sabía perfectamente cómo quitarle las ganas de ser el señor Basura. Se puso los vaqueros y la camiseta del búho moteado. Y no se lavó los dientes para ahorrar agua.

Bajó las escaleras haciendo ruido para que vieran que estaba enfadada con toda la familia.

—Aquí tienes tu almuerzo —dijo su madre.

—¡Mamá! ¡Está en una bolsa de papel!

—¿Qué tiene de malo? —preguntó Stink.

—¿Pero es que no lo ves? Talan árboles para hacer bolsas de papel. Los árboles dan sombra y controlan el calentamiento del planeta. Moriríamos sin ellos, porque producen oxígeno y ayudan a quitar polvo y otras cosas del aire.

—A propósito de polvo, podrías limpiar tu cuarto —sugirió su madre.

—¡Mamá!

ANALIZAR EL TEXTO
....

Tema ¿Quién es más convincente en el cuento: Judy o su familia? ¿Qué te podría decir esto sobre el tema del cuento?

¿Cómo iba ella a dedicarse a cosas importantes como salvar los árboles si no podía salvar ni su propio árbol familiar? Aquello fue el colmo. Judy se salió al garaje a buscar su lonchera de La Bella Durmiente de cuando estaba en kindergarten.

—¿Vas a llevar esa lonchera de niña pequeña en el autobús? ¿Para que te vea todo el mundo? —preguntó Stink.

—Hoy me voy en bici. Para ahorrar combustible.

—Nos vemos en la escuela entonces —dijo Stink, agitando delante de sus narices la bolsa de papel con su almuerzo. ¡Uy, si ella pudiera reciclar a su hermano pequeño!

—Tú sigue así, matando árboles...

Era complicado convertir el mundo en un sitio mejor.

Ahora analiza

Cómo analizar el texto

Usa estas páginas para aprender acerca de Estructura del cuento y Tema. Luego, vuelve a leer *Judy Moody salva el planeta* para aplicar lo que has aprendido.

Estructura del cuento

Los cuentos de ficción, como *Judy Moody salva el planeta*, tienen una estructura, que se llama **estructura del cuento.** La estructura tiene personajes, un entorno y una trama. Los **personajes** son las personas que aparecen en el cuento. El **entorno** es dónde y cuándo ocurre el cuento. La **trama** es el orden de los sucesos en el que los personajes resuelven un problema. En un cuento que tiene capítulos, la estructura también se va desarrollando de un capítulo a otro.

Mientras vuelves a leer el primer capítulo, "Locos por las cáscaras", puedes usar un mapa del cuento para hacer una lista con evidencia del texto acerca del entorno, los personajes, los sucesos y la trama. Mientras vuelves a leer el segundo capítulo, "El señor Basura", usa el mapa del cuento para mostrar de qué manera se relacionan los sucesos y se resuelve el problema.

Entorno	Personajes
Trama	
Capítulo 1	
Capítulo 2	

ESTÁNDARES COMUNES

RL.3.2 recount stories and determine the message, lesson or moral; **RL.3.3** describe characters and explain how their actions contribute to the sequence of events; **RL.3.5** refer to parts of stories, dramas, and poems/describe how each part builds on earlier sections

Aprende en línea

Tema

El **tema** de un cuento es su significado. Es la gran idea, mensaje o lección que el autor quiere que los lectores comprendan. Mientras vuelves a leer *Judy Moody salva el planeta*, piensa en el tema del cuento. Busca evidencia del texto que muestre lo que la autora trata de decirte sobre las personas a través de lo que los personajes dicen, hacen y piensan.

Es tu turno

Turnarse y comentar Repasa la selección con un compañero y prepárate para comentar esta pregunta: *¿Por qué es importante cuidar de nuestro medio ambiente?* Mientras comentas la pregunta, túrnate con tu compañero para intercambiar ideas y relacionar tus propias opiniones con las de él. Usa evidencia del texto para apoyar tus ideas.

Comentar en la clase

Para continuar comentando *Judy Moody salva el planeta*, usa evidencia del texto para explicar tus respuestas a estas preguntas:

1 ¿Cuál es el problema de Judy Moody? ¿Cómo trata de resolverlo?

2 Al parecer, Judy piensa que su familia no trata de salvar la Tierra. ¿Estás de acuerdo?

3 ¿Qué harías para convencer a otras personas de que deben cuidar y reciclar los recursos del medio ambiente? ¿En qué se diferencian tus ideas del plan de Judy Moody?

ESCRIBE SOBRE LO QUE LEÍSTE

Respuesta Salvar el planeta no es tarea fácil. Imagina que eres amigo de Judy. ¿Qué consejo le darías sobre sus planes para proteger el medio ambiente? Escribe tus ideas en un mensaje de correo electrónico para Judy. Asegúrate de usar un formato de correo electrónico adecuado.

Sugerencia para la escritura

En la primera oración, indica el propósito de tu mensaje de correo electrónico. Luego, escribe tus ideas e incluye razones para apoyarlas. Verifica que cada oración esté completa.

Aprende en línea

ESTÁNDARES COMUNES **RL.3.5** refer to parts of stories, dramas, and poems/describe how each part builds on earlier sections; **RL.3.6** distinguish own point of view from the narrator or characters' point of view; **W.3.1a** introduce the topic, state an opinion, and create an organizational structure; **W.3.1b** provide reasons that support the opinion; **W.3.10** write routinely over extended time frames or short time frames; **SL.3.1d** explain own ideas and understanding in light of the discussion

FICCIÓN HUMORÍSTICA

☑ GÉNERO

La **ficción humorística** es una historia graciosa que fue inventada y que puede ser realista o no.

☑ ENFOQUE EN EL TEXTO

Algunos autores escriben **series de libros** para relatar muchos cuentos sobre los mismos personajes.

Mi mascota maloliente

de

Judy Moody

por Megan McDonald

ilustrado por Peter H. Reynolds

ESTÁNDARES COMUNES RL.3.9 compare and contrast themes, settings, and plots of stories by the same author; RL.3.10 read and comprehend literature

Aprende en línea

ara hacer un *collage* de sí misma, Judy Moody necesita mostrar a su mascota favorita. La familia de Judy tiene una mascota, una vieja gata llamada Mouse. Judy dice que Mouse no puede ser su mascota *favorita* si es su única mascota. Los padres de Judy aceptan llevarla a la tienda de mascotas.

En la tienda, Judy halla una plantita extraña. La vendedora le explica que es una venus atrapamoscas. Si bien es una planta, la venus atrapamoscas come insectos, por ejemplo, moscas y hormigas. De vuelta en casa, Judy y su hermano menor, Stink, le dan de comer demasiado a la planta. De todas maneras, Judy la lleva a la escuela al día siguiente, con la esperanza de que la planta digiera su comida a tiempo para el momento de Compartir y comentar.

Llegó la mañana siguiente. La boca de la planta seguía cerrada. Judy trató de abrirla con una hormiga recién capturada.

—Toma —le dijo poniendo vocecita de bebé—. ¿Te gustan las hormigas? ¿Sí?

La boca no se abrió ni un milímetro. La planta no movió ni un dedo.

Judy se rindió. Metió con cuidado la planta en la mochila para llevarla a la escuela, con el apestoso trozo de hamburguesa y todo.

En el autobús, le enseñó su mascota nueva a Rocky.

—Me moría de ganas de mostrarles a todos cómo come, pero ya no se mueve. Y además huele.

—¡Ábrete Sésamo! —ordenó Rocky, por emplear alguna fórmula mágica. No sucedió nada.

—A lo mejor se abre con el meneo del autobús —dijo Judy.

Pero ni siquiera eso hizo que su mascota nueva se recuperara.

—Si se me muere, MI MASCOTA FAVORITA sólo podrá ser Mouse —se quejó Judy.

Cuando llegaron, el señor Todd propuso al empezar la clase:

—A ver, todos, saquen las carpetas del collage. Voy a darles viejas revistas para que recorten durante la próxima media hora. Les quedan tres semanas, pero quiero ver cómo va lo que están haciendo.

¡El collage! Judy estaba tan concentrada en su mascota nueva que se le había olvidado traer la carpeta a la escuela.

Judy miró la carpeta de Frank Pearl con el rabillo del ojo. Había recortado fotos de macarrones (comida favorita), hormigas (mascota favorita) y zapatos. ¿Cómo que zapatos? ¿Es que los zapatos eran los mejores amigos de Frank?

Judy miró su mochila abierta al lado de la silla. La planta seguía con la boca cerrada. Pero la mochila entera apestaba. Judy tomó el popote de su envase de jugo y le dio un golpecito a la venus atrapamoscas. No pasó nada. ¡La planta jamás se abriría a tiempo para el momento de Compartir y comentar!

—¿Y bien? —preguntó Frank.

—¿Bien qué?

—¿Vas a venir?

—¿Adónde?

—A mi fiesta de cumpleaños. Es el otro sábado. Todos los varones de la clase van a venir. Y Adrián y Sandy, mis vecinos.

A Judy Moody no le importaba si el mismísimo Presidente iba a la fiesta. Olió su mochila. ¡Tenía un olor apestoso, como el de un zorrillo!

—¿Qué hay en tu mochila? —preguntó Frank.

—Es asunto mío —dijo Judy.

—¡Huele a atún podrido! —dijo Frank Pearl.

Judy esperaba que su venus atrapamoscas volviera a estar bien y le diera un mordiscón a Frank Pearl antes de que él festejara otro cumpleaños.

El señor Todd se acercó:

—No has recortado fotos, Judy. ¿Tienes la carpeta?

—Pues... o sea... estaba... entonces... es que... no. Anoche me compraron una mascota nueva.

—No irás a decirme que la mascota se comió la carpeta.

—No exactamente. Pero se comió una mosca muerta y una hormiga viva. Y después un trozo de...

—La próxima vez, no olvides traer la carpeta a clase, Judy. Oigan todos, mantengan las tareas fuera del alcance de los animales.

—Mi mascota nueva no es un animal, señor Todd. No come tareas, sólo... insectos y hamburguesa cruda.

Judy sacó la venus atrapamoscas de la mochila. ¡Y no lo podía creer! Ya no tenía el tallo mustio y la boca estaba bien abierta, como si tuviera hambre.

—¡Les presento a Mandíbulas! —exclamó Judy—. MI MASCOTA FAVORITA.

Comparar el texto

DE TEXTO A TEXTO

Comparar las aventuras de Judy Los dos cuentos de Judy Moody que leíste son parecidos en algunos aspectos y diferentes en otros. Con un compañero, comenta sobre los personajes, el entorno, la trama y el tema de cada cuento. Luego, haz una lista de tres semejanzas y tres diferencias.

EL TEXTO Y TÚ

Hablar sobre ayudar En *Judy Moody salva el planeta,* Judy Moody reduce el uso de los productos de los bosques tropicales. En grupo, túrnate con tus compañeros para hablar de algo que harían para ayudar al medio ambiente. Haz preguntas para saber más de las ideas de cada uno.

EL TEXTO Y EL MUNDO

Conectar con los Estudios Sociales Investiga la ubicación de los bosques tropicales en el mundo. Muestra a la clase dónde están los bosques tropicales señalándolos en un mapa.

ESTÁNDARES COMUNES **RL.3.9** compare and contrast themes, settings, and plots of stories by the same author; **W.3.7** conduct short research projects that build knowledge about a topic; **SL.3.1c** ask questions to check understanding, stay on topic, link comments to others' remarks; **SL.3.1d** explain own ideas and understanding in light of the discussion

Gramática

Aprende en línea

¿Qué son los adjetivos y los artículos? Un **adjetivo** es una palabra que describe a un sustantivo o dice algo sobre él. Algunos adjetivos indican una cualidad. Otros adjetivos indican una cantidad.

Las palabras *un, una, unos, unas, el, la, los* y *las* son **artículos.** Indican a qué sustantivo se refieren y deben concordar en género y número con el sustantivo. *Un, una, unos* y *unas* se refieren a algo no específico. *El, la, los* y *las* se refieren a algo específico.

Adjetivos
Yo reciclo latas viejas.
Hay tres cubos de reciclaje para las latas.
Artículos
Los cubos de reciclaje ahora están llenos.
Un camión va a llevarse las latas.

Inténtalo

Trabaja con un compañero. Lee cada oración en voz alta. Identifica el adjetivo en cada oración. Identifica los artículos que veas.

1. Un ruido fuerte despertó a Tanya.

2. ¡Ella tenía botellas gigantes que cantaban en su habitación!

3. Le decían a Tanya que debía reciclar las botellas viejas.

4. Hoy ella va a reciclar cincuenta botellas.

5. Va a poner las botellas en el cubo azul.

Puedes escribir con claridad y fluidez si combinas algunas oraciones. Si dos oraciones cortas tratan sobre un mismo sustantivo, trata de combinar esas oraciones cambiando un adjetivo de lugar.

Oraciones cortas

Nuestra ciudad tiene sus propios cubos de reciclaje.

Los cubos de reciclaje son verdes.

Oración más larga y fluida

Nuestra ciudad tiene sus propios cubos de reciclaje verdes.

 Relacionar la gramática con la escritura

Mientras revisas tu carta persuasiva, trata de cambiar adjetivos de lugar para combinar oraciones.

Escritura de opinión

☑ **Ideas** En *Judy Moody salva el planeta*, Judy da razones poderosas para salvar los árboles. Cuando escribas y revises tu **carta persuasiva,** piensa en las razones que das para decir tu opinión. ¿Les parecerán importantes al lector?

Bianca escribió una carta para persuadir a sus vecinos de caminar más. Más tarde, cambió algunas de las razones para que fueran más poderosas aún.

Lista de control de la escritura

☑ **Ideas**
¿Presenté el tema y di mis opiniones?

☑ **Organización**
¿Usé el tipo de carta correcto?

☑ **Elección de palabras**
¿Usé lenguaje amable?

☑ **Voz**
¿Escribí en un tono positivo?

☑ **Fluidez de las oraciones**
¿Combiné oraciones breves y cortadas?

☑ **Convenciones**
¿Usé las comas correctamente? ¿Es clara mi escritura a mano?

Borrador revisado

Estimados vecinos de Oak Hill:

¿Qué pasos debemos dar para ser una comunidad más saludable? ¡Pasos de caminata! ~~Si caminamos más y conducimos menos, nos sentiremos mejor.~~ Caminar puede llevar más tiempo que conducir,
pero es un magnífico ejercicio que se ∧
~~por lo menos, no hay que detenerse en~~
puede practicar durante todo el año.
~~las luces rojas de los semáforos.~~ Otra
∧ importante   Los gases de los carros son
razón ∧ para caminar es oxigenarse. ~~Esa es una~~ ∧
peligrosos para los pulmones y el corazón.
~~razón importante.~~

52

Calle Foster 182

Bentley, MO 23456

8 de abril de 2014

Organización del vecindario de Oak Hill

Calle Cherry 15

Bentley, MO 23456

Estimados vecinos de Oak Hill:

¿Qué pasos debemos dar para ser una comunidad más saludable? ¡Pasos de caminata! Caminar puede llevar más tiempo que conducir, pero es un magnífico ejercicio que se puede practicar durante todo el año. Otra razón importante para caminar es oxigenarse. Los gases de los carros son peligrosos para los pulmones y el corazón. Finalmente, caminar también es relajante porque se puede conversar con los vecinos y disfrutar de estar afuera. ¡Caminemos más para tener una comunidad más saludable y más feliz!

Atentamente,

Bianca Romano

Leer como escritor

¿En qué oración se muestra la opinión de Bianca? ¿Las razones son importantes? ¿En qué lugar de tu carta puedes dar razones poderosas?

Di razones poderosas para decir mi opinión. También combiné dos oraciones cortas.

Vocabulario en contexto

VOCABULARIO CLAVE

fósil

pista

restos

probar

evidencia

esqueleto

desenterrar

enterrado

feroz

sitio

Librito de vocabulario

Tarjetas de contexto

Conoce al dinosaurio Sue
por Cambria Gomez

L.3.6 acquire and use conversational, general academic, and domain-specific words and phrases

54

1 fósil

Este hombre ha hallado **fósiles** de dinosaurios. Aprenderá mucho de estos huesos antiguos.

2 pista

Los fósiles brindan **pistas** que ayudan a resolver misterios sobre los dinosaurios.

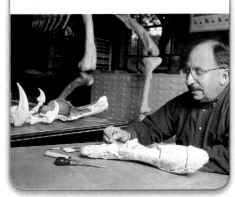

3 restos

Estos son los **restos** de un dinosaurio grande. Todo lo que queda es un hueso.

4 probar

Los científicos están tratando de **probar** la relación entre las aves y los dinosaurios.

Aprende en línea

▶ Estudia cada Tarjeta de contexto.

▶ Haz una pregunta usando una palabra del Vocabulario.

5 **evidencia**

Los huevos fosilizados son evidencias de cómo nacían las crías de los dinosaurios.

6 **esqueleto**

Rara vez se halla un esqueleto de dinosaurio entero como este.

7 **desenterrar**

A quien desenterró este fósil le tomó mucho tiempo remover la tierra.

8 **enterrado**

Muchos huesos de dinosaurio estaban enterrados en lodo.

9 **feroz**

Muchos creen que los dinosaurios eran animales feroces que peleaban mucho.

10 **sitio**

A veces, se hallan muchos huesos de dinosaurio en un mismo sitio.

Leer y comprender

Aprende en línea

✓ DESTREZA CLAVE

Conclusiones Mientras lees *El misterio del albertosaurio,* busca pistas, o evidencia del texto, que te ayuden a comprender el tema. Puedes usar esta evidencia del texto junto con tus propias ideas para hacer conjeturas sobre el tema que la autora no plantea. Cuando haces esto, estás sacando **conclusiones.** Usa un organizador gráfico como el siguiente para enumerar detalles del texto que te ayuden a sacar conclusiones.

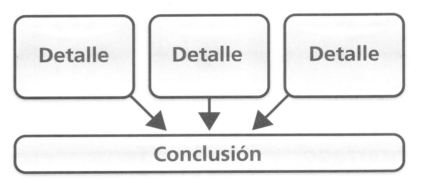

| Detalle | Detalle | Detalle |

Conclusión

✓ ESTRATEGIA CLAVE

Visualizar Mientras lees *El misterio del albertosaurio,* presta mucha atención a la evidencia del texto que te ayude a **visualizar,** o crear imágenes mentales de lo que describe la autora.

Fósiles

El mundo está lleno de misterios. Las ciencias de la Tierra, o el estudio de la Tierra, ayudan a explicar algunos de estos misterios. Por ejemplo, el estudio de la Tierra condujo a los científicos hasta los fósiles. Los fósiles son pistas que dejan las plantas y los animales que vivieron hace mucho tiempo. Un fósil puede tener la forma de una hoja o puede ser un hueso que se convirtió en piedra.

Cuando los científicos hallan fósiles, es posible que sepan o que no sepan de qué antigua planta o animal se trata. A veces, un fósil nos da una pista para un nuevo misterio. En *El misterio del albertosaurio,* verás cómo los científicos usaron los fósiles para responder a una pregunta importante sobre cómo vivían los dinosaurios.

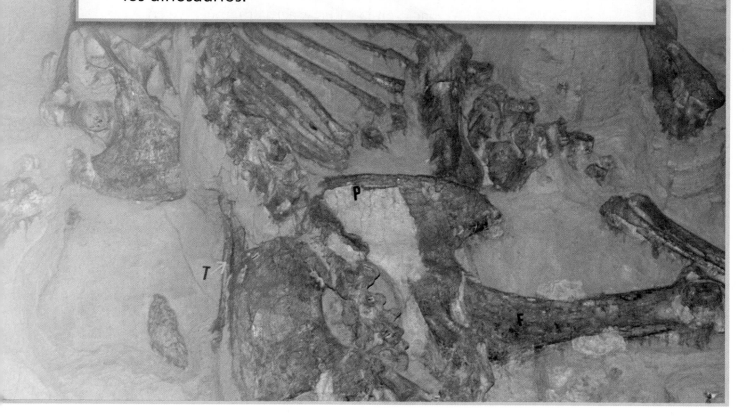

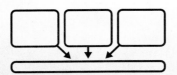

✅ DESTREZA CLAVE

Conclusiones Usa la evidencia del texto junto con lo que ya sabes para sacar conclusiones.

✅ GÉNERO

Un **texto informativo** da información sobre un tema. Mientras lees, busca:

- ▶ encabezamientos que indiquen de qué se trata cada sección,
- ▶ fotografías y pies de foto, y
- ▶ gráficas, tales como mapas, que ayuden a explicar el tema.

ESTÁNDARES COMUNES
RI.3.1 ask and answer questions to demonstrate understanding, referring to the text; **RI.3.6** distinguish own point of view from that of the author; **RI.3.10** read and comprehend informational texts

Aprende en línea

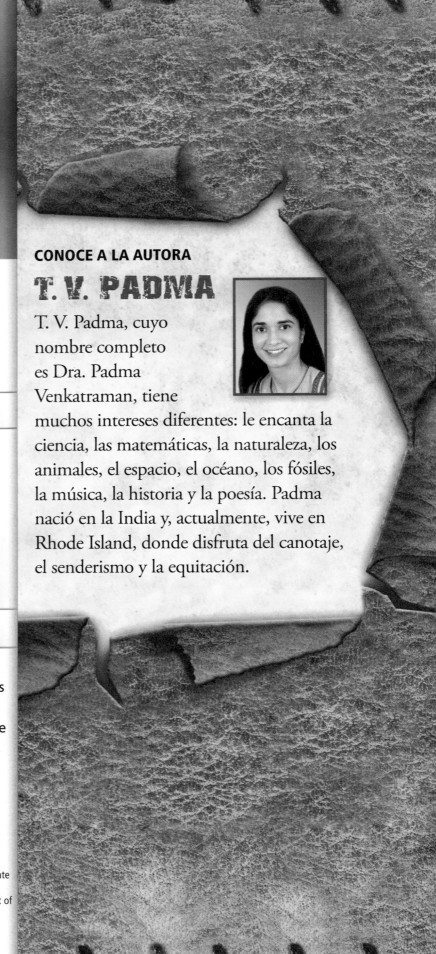

CONOCE A LA AUTORA

T. V. PADMA

T. V. Padma, cuyo nombre completo es Dra. Padma Venkatraman, tiene muchos intereses diferentes: le encanta la ciencia, las matemáticas, la naturaleza, los animales, el espacio, el océano, los fósiles, la música, la historia y la poesía. Padma nació en la India y, actualmente, vive en Rhode Island, donde disfruta del canotaje, el senderismo y la equitación.

CAZADORES DE FÓSILES

EL MISTERIO DEL ALBERTOSAURIO

La cacería de Philip Currie en la región Badlands

por T. V. Padma

59

Búsqueda sin mapa

Hay muchos fósiles enterrados en las zonas áridas de Canadá. Allí vivieron más de 40 tipos distintos de dinosaurios.

Philip Currie tenía sed y estaba cansado. Era uno de los días más calurosos del verano de 1997. Él y su equipo buscaban fósiles de un dinosaurio llamado albertosaurio.

En las zonas áridas del occidente de Canadá hay muchas colinas. Philip no sabía en cuál de ellas estaban los fósiles de Brown.

Casi 90 años antes, un famoso cazador de fósiles llamado Barnum Brown había descubierto un yacimiento de fósiles en las zonas áridas del oeste de Canadá. Allí se encontraban enterrados muchos albertosaurios. Philip quería encontrar ese lugar de nuevo.

Era como buscar una aguja en un pajar: Brown no había trazado ningún mapa, ni anotado dónde había encontrado los fósiles. Philip contaba con pocas pistas: solo unas cuantas anotaciones y cuatro fotografías viejas.

¡El descubrimiento!

Al equipo se le agotaba el agua. Todos volvieron al campamento, a excepción de Philip, quien continuó con la búsqueda. Las moscas de arena y los mosquitos lo picaban y le dolía la cabeza.

Ese día, más temprano, Philip había visto los restos del campamento de Brown. Sabía que los huesos tenían que estar cerca.

Philip intentaba encontrar el sitio donde estaban los fósiles del albertosaurio que se veían en la vieja fotografía de Brown.

Totalmente solo, Philip subió otra colina. Se detuvo para contemplar una fotografía. Era igual a la escena que tenía frente a él. También pudo ver que, unos años antes, alguien ya había excavado en esas rocas. ¡Philip había encontrado el yacimiento de fósiles de Brown!

Aunque la fotografía de Brown era vieja, Philip podía ver que las colinas se veían iguales.

En las colinas rocosas, los cortes o agujeros son pistas que indican que alguien podría haber excavado allí antes.

Barnum, el cazador de huesos

Barnum Brown se crió en Kansas, a fines del siglo 19. Su familia extraía y vendía carbón. El pequeño Barnum vio un fósil por primera vez un día en que el arado de la familia desenterró un hueso accidentalmente.

A partir de entonces, se dedicó a estudiar los fósiles. Descubrió que le gustaba más desenterrar los huesos que estudiarlos en clase. Así que dejó la Universidad de Columbia para convertirse en cazador de huesos para el Museo Estadounidense de Historia Natural (*American Museum of Natural History*), en la ciudad de Nueva York.

Brown se destacó encontrando fósiles: Henry Fairfield Osborn, el director del museo, decía bromeando que Brown podía "olfatear los fósiles". Los periodistas lo llamaban el "Sr. Huesos".

En el Museo Estadounidense de Historia Natural de Nueva York, Brown ayudaba a armar los huesos que había encontrado.

Hallazgo del primer T. rex

Brown encontró este esqueleto de tiranosaurio rex en 1908. Se puede ver en el Museo Estadounidense de Historia Natural.

A principios del siglo 20, Brown desenterró un esqueleto de tiranosaurio rex en Wyoming y, después, otro en Montana. Fueron los primeros esqueletos de tiranosaurio rex que se habían hallado.

Durante varios años, Brown volvió a Montana en busca de fósiles. Muchas veces, los fósiles que hallaba se encontraban aprisionados en roca dura, y en ocasiones, usaba dinamita para extraerlos.

Luego, en 1910, ocurrió algo terrible en su vida: falleció su esposa. Brown intentó superar su tristeza cazando más fósiles: recorrió en balsa el cañón del río Red Deer, en Canadá, donde acampó y comenzó a buscar huesos. Pronto hizo un hallazgo sorprendente.

Hallazgo de varios carnívoros

En Canadá, Brown encontró un lugar donde había muchos esqueletos enterrados. Pertenecían al albertosaurio, un gran dinosaurio carnívoro. Era la primera vez que alguien encontraba los huesos de tantos dinosaurios carnívoros en un mismo sitio.

Brown desenterró algunos de los huesos. Solo escribió unas pocas líneas sobre su hallazgo, pero no mencionó lo extraordinario que había sido. No dijo por qué creía que había tantos individuos de la misma especie juntos, ni dijo el posible significado de ese hallazgo.

Los huesos de los albertosaurios fueron enviados al museo y almacenados. Allí permanecieron durante muchos años, en un depósito en el sótano, junto a los fósiles de otros dinosaurios.

El albertosaurio se llama así porque los primeros fósiles de este dinosaurio se encontraron en Alberta, Canadá.

Una familia feroz

El albertosaurio formaba parte de una familia de feroces dinosaurios carnívoros llamados tiranosáuridos. El tiranosaurio rex también formaba parte de esta familia.

El albertosaurio era más pequeño que el tiranosaurio rex, pero era fuerte. Podía ver y olfatear muy bien y tenía muchos dientes afilados. Sus mandíbulas, enormes y poderosas, podían triturar los huesos.

Al igual que el tiranosaurio rex, el albertosaurio vivía y cazaba solo. Al menos, eso era lo que creían los paleontólogos. Pero un hombre estaba a punto de cambiar esa forma de pensar: él tenía algunas ideas distintas sobre estas criaturas antiguas.

ANALIZAR EL TEXTO

Punto de vista ¿Qué piensa la autora sobre los huesos que halló Barnum Brown? ¿Qué piensas tú?

El tiranosaurio rex tenía un largo de 40 pies (12 metros). El albertosaurio tenía un largo de 30 pies (9 metros).

La duda de Philip Currie

En 1976, Philip Currie leyó lo que había escrito Brown sobre ese lugar repleto de albertosaurios. En ese momento, la mayoría de los paleontólogos creía que los tiranosáuridos vivían solos. Pero Philip se preguntaba: "Si era así, ¿por qué había tantos de estos animales enterrados juntos? ¿Habían muerto juntos? ¿Habían vivido juntos?".

Ciertos dinosaurios herbívoros habían vivido en grupos; quizás también lo habían hecho algunos de los carnívoros que los cazaban, pensó Philip. Después de todo, era difícil cazar un grupo grande de animales si se estaba solo. Tal vez los albertosaurios cazaban en grupo.

Sin embargo, Philip estaba ocupado aprendiendo sobre muchos tipos distintos de fósiles y de dinosaurios. Durante muchos años, dejó de lado sus dudas, tal como Brown había dejado de lado sus fósiles.

El albertosaurio tenía alrededor de setenta dientes en sus gigantescas mandíbulas.

Los huesos en el sótano

◀ El Museo Estadounidense de Historia Natural, donde se almacenaron los fósiles de albertosaurio de Brown

Este fósil de un hueso del pie de un albertosaurio fue descubierto por Barnum Brown en Alberta, Canadá, y luego fue redescubierto por Philip Currie en la Ciudad de Nueva York. ▶

Philip volvió a pensar en sus dudas 20 años más tarde. Esta vez, sin embargo, sucedió algo que lo hizo ir a buscar las respuestas.

Se encontró con unos huesos de albertosaurio en el sótano del Museo Estadounidense de Historia Natural, donde había trabajado Barnum Brown. Se dio cuenta de que esos huesos provenían de la zona árida de Canadá, donde Brown había estado buscando fósiles.

Philip se dio cuenta de que Brown había hallado al menos nueve albertosaurios en un solo sitio. También se dio cuenta de que solo había tomado unos cuantos huesos de cada animal. Todavía había más huesos enterrados en la zona árida, esperando para ser descubiertos.

Los huesos en las zonas áridas

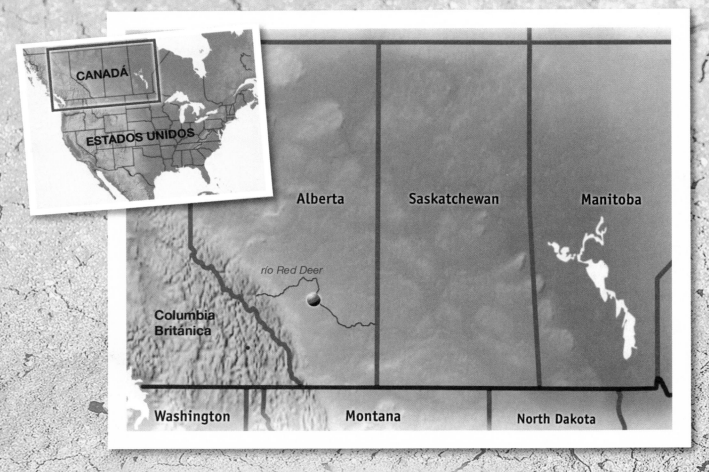

CANADÁ

ESTADOS UNIDOS

Alberta   Saskatchewan   Manitoba

río Red Deer

Columbia
Británica

Washington   Montana   North Dakota

Lugar donde Philip redescubrió el yacimiento de fósiles de albertosaurio hallado por primera vez por Barnum Brown

Philip descubrió más que huesos en el museo: también encontró los apuntes de Brown y una fotografía de su campamento. Usando estas pistas, pudo hallar el yacimiento donde estaban los huesos.

ANALIZAR EL TEXTO

Conclusiones ¿Por qué hallar tantos fósiles juntos en un solo lugar llevó al equipo a preguntarse si los albertosaurios habían vivido solos?

Sin embargo, encontrar el sitio no fue más que el primer paso. Philip y su equipo trabajaron durante meses para desenterrar cada fósil. Había por lo menos 22 albertosaurios enterrados en las rocas.

Una vez finalizado el trabajo, surgió una nueva duda: ¿encontrar tantos fósiles juntos probaba que los dinosaurios habían vivido, muerto e, incluso, cazado como grupo?

Philip, desenterrando huesos de albertosaurio en la zona árida

En la época de Barnum Brown, los cazadores de fósiles no siempre podían llevar buenos registros. En la actualidad, los paleontólogos registran cuidadosamente sus hallazgos con fotografías, dibujos, mapas e informes.

Lo que pudo haber sucedido

Philip sabía que podían existir otras razones para que esos fósiles estuvieran juntos. Sin embargo, muchas de estas ideas solo generaron más preguntas.

Por ejemplo, quizá los albertosaurios habían muerto en arenas movedizas. Pero otras especies de dinosaurios también podrían haber muerto en las arenas movedizas, y Philip había encontrado los fósiles de un solo tipo de dinosaurio: el albertosaurio.

Quizá los albertosaurios se habían reunido para poner sus huevos. Si había sido así, sin embargo, los fósiles deberían de haber tenido más o menos la misma edad y el mismo tamaño. Pero Philip había encontrado animales pequeños y jóvenes, además de animales grandes y viejos.

La cacería de Philip había terminado. Sin embargo, necesitaba más evidencia para demostrar que esos carnívoros habían vivido juntos.

Nido reconstruido de huevos de dinosaurio fosilizados

Los científicos saben que los dinosaurios ponían huevos, porque se han hallado huevos fosilizados de varios tipos de dinosaurio.

Más grupos de carnívoros

Rodolfo Coria desentierra dientes de una mandíbula gigante de dinosaurio.

Philip obtuvo mayor evidencia cuando el paleontólogo Rodolfo Coria lo llamó por teléfono desde Argentina. Él también había encontrado un sitio donde estaba enterrado un grupo de dinosaurios carnívoros. Así que quizá fuera posible, después de todo, que los carnívoros vivieran en grupos.

Los científicos hallaron más lugares donde había grupos de dinosaurios carnívoros. Estaban por todas partes: Arizona, Montana, Dakota del Sur, Utah, Mongolia y Zimbabwe.

Philip también analizó cuidadosamente las huellas de dinosaurios carnívoros en el cañón Peace River, en Canadá. Esas huellas mostraban que era posible que los dinosaurios carnívoros se desplazaran en grupos.

Al estudiar los fósiles, los expertos pueden crear modelos como este de un albertosaurio de tamaño real.

Cavar más profundo

¿Hubo dinosaurios carnívoros que vivían y cazaban juntos? Los científicos todavía no están seguros. Con respecto a los fósiles que han hallado, no pueden sino hacer conjeturas, que son juicios que están basados solo en indicios u observaciones.

Hay otras preguntas sin respuesta: ¿Por qué murieron los albertosaurios del campamento de Brown? ¿Qué mató a tantos animales a la vez? ¿Una gran tormenta? ¿Un incendio forestal?

Philip Currie dice que el paleontólogo es como un detective. Hubo una muerte misteriosa, que nadie vio, hace millones de años. Usando pistas, los científicos intentan deducir lo que pasó, cómo pasó y por qué. Mientras aún haya fósiles por descubrir, la investigación continuará.

Ahora analiza

Cómo analizar el texto

Usa estas páginas para aprender acerca de Conclusiones y Punto de vista. Luego, vuelve a leer *El misterio del albertosaurio* para aplicar lo que has aprendido.

Conclusiones

Los textos informativos, como *El misterio del albertosaurio*, proporcionan muchos datos y detalles sobre un tema. Puedes usar esta evidencia del texto junto con tus propias ideas para hacer conjeturas sobre cosas que la autora no dice. Esto se llama sacar **conclusiones**.

A veces, los encabezamientos y las palabras que indican, como *entonces* y *por lo tanto,* son claves que sirven como ayuda para sacar conclusiones.

Vuelve a leer las páginas 60 y 61. Es el comienzo de la selección, pero ya puedes darte cuenta de que Philip Currie tiene un trabajo difícil. Hay detalles en el texto, pero también mira el encabezamiento de la sección. Combina la evidencia del texto con lo que ya sabes para sacar conclusiones.

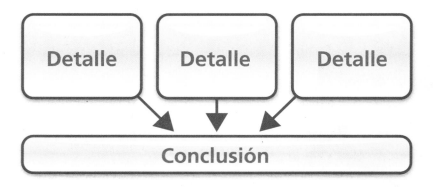

RI.3.1 ask and answer questions to demonstrate understanding, referring to the text; **RI.3.6** distinguish own point of view from that of the author

ESTÁNDARES COMUNES

Aprende en línea

Punto de vista

El autor tiene un **punto de vista** sobre el tema. El punto de vista es la opinión del autor. Los lectores también pueden tener un punto de vista sobre el tema del autor. Puedes ver el tema desde el mismo punto de vista que el autor. Si esto es así, estarás de acuerdo con lo que escribió. A veces, puedes tener un punto de vista diferente.

Por ejemplo, la autora describe lo mucho que trabajó Philip Currie para hallar el yacimiento de fósiles de Barnum Brown. Su punto de vista es que Currie es una persona decidida. ¿Tu punto de vista es el mismo? Si no lo es, ¿por qué no?

Es tu turno

mi Escritura genial

Turnarse y comentar Repasa la selección con un compañero y prepárate para comentar esta pregunta: *¿Qué nos pueden decir los fósiles sobre el pasado?* Mientras comentas la pregunta, túrnate con tu compañero para repasar y explicar las ideas clave. Usa evidencia del texto para apoyar tus ideas.

 Comentar en la clase

Para continuar comentando *El misterio del albertosaurio,* usa evidencia del texto para explicar tus repuestas a estas preguntas:

1. ¿De qué manera la antigua fotografía de Barnum Brown ayudó a Philip Currie a hallar el yacimiento de fósiles?

2. ¿Crees que los fósiles hallados hasta ahora han resuelto el misterio de los dinosaurios carnívoros? ¿Por qué?

3. ¿Qué evidencia del texto podría ayudar a responder las preguntas que todavía tiene Philip Currie?

ESCRIBE SOBRE LO QUE LEÍSTE

Respuesta Philip Currie halló el yacimiento de fósiles de Barnum Brown después de que el resto del equipo había regresado al campamento. ¿Qué crees que habría sucedido si Philip retornaba con el resto del equipo? ¿Habría hallado el yacimiento de fósiles? Usa evidencia del texto para apoyar tu respuesta.

Sugerencia para la escritura

Mientras escribes, comprueba que estás usando el tiempo verbal correcto para contar acciones que sucedieron en el pasado.

ESTÁNDARES COMUNES

RI.3.7 use information gained from illustrations and words to demonstrate understanding; **W.3.1a** introduce the topic, state an opinion, and create an organizational structure; **W.3.1b** provide reasons that support the opinion; **W.3.1d** provide a concluding statement or section; **SL.3.1a** come to discussions prepared/explicitly draw on preparation and other information about the topic; **SL.3.1d** explain own ideas and understanding in light of the discussion; **L.3.1e** form and use simple verb tenses

Lección 17

TEXTO INFORMATIVO

✓ GÉNERO

Un **texto informativo** da información basada en hechos sobre un tema.

✓ ENFOQUE EN EL TEXTO

Una **tabla** es una ilustración que presenta una lista de información de manera clara y fácil de comprender.

RI.3.7 use information gained from illustrations and words to demonstrate understanding; **RI.3.10** read and comprehend informational texts

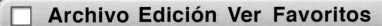

BÚSQUEDA DE FÓSILES COMO DIVERSIÓN

POR ALICE CARY

¿Alguna vez has cazado fósiles? Las personas a menudo los encuentran por accidente. En 2007, una estudiante de una escuela secundaria de Florida fue con sus amigas a un arroyo a tomar fotos para un proyecto escolar. Vieron un montón de huesos en el agua. ¡Las niñas estaban sorprendidas! Habían encontrado los restos de un mamut de la Edad de Hielo.

Los científicos comenzaron a cavar en el arroyo. Pronto, desenterraron otros esqueletos de animales.

El esqueleto de un mamut da pistas sobre cómo era físicamente.

Buscar

Fósiles

Los fósiles son evidencia de vida antigua. A veces, la tierra o la arena cubren las hojas y los huesos. Las capas de tierra y arena los protegen de ser dañados. Las capas aumentan a medida que pasa el tiempo. Después de muchos años, los restos se endurecen y se convierten en fósiles.

¡Podrías encontrar fósiles enterrados cerca de donde estás! La tabla te da consejos para buscarlos.

Guía de búsqueda

Dónde buscar	Qué cazar	Herramientas	Consejos para la búsqueda
capas de rocas	huevos, nidos	martillo y cincel	Ve con cuidado para no pasar nada por alto.
capas de arena o barro	huellas, impresiones de hojas	cuaderno, bolígrafo, cámara	Toma notas para tener un registro de dónde se descubrió cada cosa.
desiertos, cañones, precipicios, colinas y montañas	conchas	caja de plástico o periódicos, y elásticos para trasladar los hallazgos	Busca cosas que parezcan poco comunes o fuera de lugar.

¡Cualquiera puede hallar fósiles!

Nunca eres demasiado joven para hallar fósiles. A David Shiffler le encantaban los dinosaurios feroces. En 1995, a los tres años de edad, David desenterró una roca verde, y dijo que era un huevo de dinosaurio.

Algunos meses más tarde, el padre de David llevó la roca a un museo. ¡David tenía razón! ¡Había encontrado un trozo de huevo de dinosaurio de unos 150 millones de años de antigüedad! Los científicos lograron probarlo.

Caza fósiles de manera segura

- ▷ **Ve con un adulto.**
- ▷ **Elige un sitio seguro.**
- ▷ **Consigue permiso para cazar antes de empezar.**
- ▷ **Usa lentes de seguridad.**

¡ENLACES ESTUPENDOS!

Museos con fósiles

Fósiles en las noticias

Hallazgos de fósiles

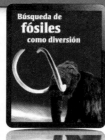

Comparar el texto

Comparar métodos Piensa en los métodos de cazar fósiles de *El misterio del albertosaurio* y *Búsqueda de fósiles como diversión*. Comenta con un compañero qué ideas importantes hay en cada selección. ¿En qué se parecen y en qué se diferencian las ideas? ¿Hay algún método de *Búsqueda de fósiles como diversión* que podría ayudar a los científicos a hallar huesos de albertosaurio?

EL TEXTO Y TÚ

Ser un cazador de fósiles Después de leer sobre las personas que cazan fósiles, ¿crees que te gustaría ser un cazador de fósiles? Escribe un párrafo que explique por qué e incluye evidencia del texto para apoyar tu opinión.

EL TEXTO Y EL MUNDO

Indicar los pasos Con un compañero, comenta los pasos que seguirías en un viaje para cazar fósiles. Usa evidencia de *El misterio del albertosaurio* y de *Búsqueda de fósiles como diversión*. Asegúrate de indicar los pasos en orden.

ESTÁNDARES COMUNES **RI.3.1** ask and answer questions to demonstrate understanding, referring to the text; **RI.3.3** describe the relationship between a series of historical events/scientific ideas/steps in technical procedures; **RI.3.9** compare and contrast important points and details in texts on the same topic

Gramática

Comparaciones con adjetivos Usa **adjetivos** para describir en qué se parecen o se diferencian las personas, los lugares o las cosas.

- Usa *más/menos + adjetivo + que* para comparar dos personas, lugares o cosas.
  El tiranosaurio rex era más largo que el albertosaurio.

- Usa *el/la + más/menos + adjetivo* para comparar más de dos personas, lugares o cosas.
  El tiranosaurio rex era el más largo de todos los dinosaurios.

- Algunos adjetivos tienen formas especiales, como *bueno/ mejor/el mejor, malo/peor/el peor*.
  El antiguo método de excavación era peor que el actual.

- Ese libro es el mejor de todos los que leí.

 **Copia las oraciones. Rellena los espacios en blanco con la forma correcta del adjetivo que está entre paréntesis.**

1 El esqueleto de tiranosaurio rex que Brown desenterró en Wyoming era uno de _____ del mundo. (antiguo)

2 El albertosaurio era _____ que el tiranosaurio rex. (corto)

3 Un mapa con la ubicación del yacimiento de fósiles hubiera sido _____ que cuatro fotografías viejas. (útil)

4 La noticia de la muerte de su esposa fue _____ de toda su vida. (doloroso)

Los adjetivos agregan detalles sobre las personas, los lugares y las cosas. Cuando escribas, usa adjetivos para dar a los lectores una buena descripción. Cuando quieras expresar la cualidad de algo en su grado máximo, también puedes usar la palabra *muy* delante del adjetivo o agregar el sufijo *-ísimo* al final del adjetivo.

Comparaciones con adjetivos	
Adjetivo	**Grado máximo**
grande	**muy** grande/ grand**ísimo**
alto	**muy** alto/alt**ísimo**
contento	**muy** contento/ content**ísimo**

 ## Relacionar la gramática con la escritura

Mientras revisas tu párrafo de opinión, busca adjetivos. Asegúrate de describir los sustantivos con la forma correcta del adjetivo.

W.3.1a introduce the topic, state an opinion, and create an organizational structure; **W.3.1b** provide reasons that support the opinion; **W.3.1d** provide a concluding statement or section

Escritura de opinión

☑ **Voz** La autora de *El misterio del albertosaurio* cree que la búsqueda de fósiles es emocionante. Al compartir lo que realmente le interesa, logra que los lectores también se entusiasmen. En tu **párrafo de opinión**, agrega ideas y detalles que apoyen tu opinión. Haz que los lectores sepan por qué te sientes de esa manera.

Rick escribió su opinión sobre el estudio de los seres humanos de la prehistoria. Después, agregó más detalles para apoyar su opinión.

Lista de control de la escritura

☑ **Ideas**
¿Expliqué mis ideas con claridad?

☑ **Organización**
¿Comencé expresando mi opinión?

☑ **Elección de palabras**
¿Usé adjetivos precisos?

☑ **Voz**
¿Mis razones y detalles de apoyo son apropiados para mi audiencia?

☑ **Fluidez de las oraciones**
¿Mis oraciones son fluidas?

☑ **Convenciones**
¿Puntué mis oraciones correctamente?

Borrador revisado

Me gusta aprender acerca de los seres humanos de la prehistoria. ~~Es interesante~~ la manera en que los científicos los estudian. *es como resolver un rompecabezas misterioso*

Los seres humanos de la prehistoria no dejaron libros sobre su vida, solo dejaron objetos que dan pistas. También estoy sorprendido por cómo se las arreglaban sin los inventos modernos. Vivían en cavernas o cabañas, aun cuando el clima era muy frío. *¡Imagina acampar durante toda la vida!*

Personas sorprendentes del pasado

por Rick Yoshida

Me gusta aprender acerca de los seres humanos de la prehistoria. La manera en que los científicos los estudian es como resolver un rompecabezas misterioso. Los seres humanos de la prehistoria no dejaron libros sobre su vida, solo dejaron objetos que dan pistas. También estoy sorprendido por cómo se las arreglaban sin los inventos modernos. Vivían en cavernas o cabañas, aun cuando el clima era muy frío. ¡Imagina acampar durante toda la vida!

Obtenían toda la comida cazando o buscando plantas. ¿No te preguntas qué hacían los niños para divertirse? Hay muchos datos interesantes para aprender acerca de los seres humanos de la prehistoria.

Leer como escritor

¿Qué razones apoyan mejor la opinión de Rick? ¿En qué parte de tu trabajo puedes agregar más detalles?

Agregué detalles que dejarán más clara mi opinión. También usé adjetivos precisos.

Crece un árbol

Un alto en el bosque en una noche de invierno

☑ **VOCABULARIO CLAVE**

polen
almacenar
guirnalda
canal
absorber
por todo
cubierto
púa
tropical
disolverse

Librito de vocabulario

Tarjetas de contexto

ESTÁNDARES COMUNES
L.3.6 acquire and use conversational, general academic, and domain-specific words and phrases

Vocabulario en contexto

1 polen

Esta abeja lleva el polen de flor en flor, y así ayuda a que las semillas germinen.

2 almacenar

El baobab almacena, o guarda, el agua en su tronco, para tomarla en el verano.

3 guirnalda

Las flores de algunos árboles crecen como si fueran guirnaldas, o tiras de flores.

4 canal

Un árbol tiene canales, o tubos, que permiten que el agua viaje hasta las hojas.

Aprende en línea

▶ Estudia cada Tarjeta de contexto.

▶ Escribe otra oración usando dos palabras del Vocabulario en un nuevo contexto.

5 absorber

Las raíces de una planta absorben el agua. Se impregnan completamente.

6 por todo

La savia viaja por todo el árbol, y así llega a todas sus partes.

7 cubierto

Cada especie de árbol está cubierta de un tipo de capa externa protectora.

8 púa

Muchos cactus están cubiertos de púas que pueden hacer mucho daño.

9 tropical

Las plantas en el ecuador crecen en climas tropicales, cálidos y húmedos.

10 disolverse

Cuando agregas minerales al agua, se disuelven, o se mezclan con el agua.

Leer y comprender

Aprende en línea

☑ DESTREZA CLAVE

Características del texto y de los elementos gráficos
Mientras lees *Crece un árbol*, busca las características que te ayudarán a comprender la información. Las **características del texto,** como las etiquetas, los pies de foto y las barras laterales, te darán más detalles sobre el texto principal. Las **características de los elementos gráficos,** incluidas las ilustraciones y los diagramas, te mostrarán lo que describe el texto.
Usa una tabla como la siguiente para enumerar las características que halles y el propósito de cada una.

Característica del texto o del elemento gráfico	Página	Propósito

☑ ESTRATEGIA CLAVE

Preguntar Mientras lees la selección, hazte **preguntas** para asegurarte de que entiendes la información.
Busca evidencia en las palabras, las barras laterales, las ilustraciones, las etiquetas y los diagramas.

ESTÁNDARES COMUNES

RI.3.1 ask and answer questions to demonstrate understanding, referring to the text; **RI.3.5** use text features and search tools to locate information; **RI.3.7** use information gained from illustrations and words to demonstrate understanding

Árboles

Los árboles son un recurso natural muy importante. Además de su belleza, los árboles proporcionan sombra y alimento. Los árboles protegen a las personas de las tormentas de viento y de las inundaciones. Las personas usan la madera de los árboles para construir casas y calentarlas, así como para hacer cosas útiles como muebles, papel y lápices. Como recurso, los árboles son especialmente valiosos porque son renovables. Esto significa que pueden plantarse árboles nuevos para reemplazar los árboles que usan las personas.

En *Crece un árbol*, leerás sobre la ciencia de cómo crecen los árboles. ¡Tal vez halles algunos datos fascinantes!

TEXTO PRINCIPAL

DESTREZA CLAVE

Características del texto y de los elementos gráficos

Mientras lees, usa las características del texto y de los elementos gráficos como ayuda para comprender la información.

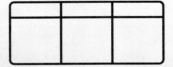

GÉNERO

Un **texto informativo** brinda información sobre un tema. Mientras lees, busca:

▶ fotografías y pies de foto,

▶ gráficas, tales como diagramas, que ayuden a explicar el tema y

▶ la estructura del texto, o la manera en que están organizadas las ideas y la información.

ESTÁNDARES COMUNES **RI.3.5** use text features and search tools to locate information; **RI.3.7** use information gained from illustrations and words to demonstrate understanding; **RI.3.10** read and comprehend informational texts

 Aprende en línea

CONOCE AL AUTOR
Arthur Dorros

Arthur Dorros ama los árboles. Cuando tenía cinco años, plantó un brote de arce. ¡El árbol creció más alto que una casa de dos pisos! El autor cree que todo el mundo tiene relatos que contar. Alienta a los niños de todo el país a que escriban.

CONOCE AL ILUSTRADOR
S. D. Schindler

Cuando S. D. Schindler tenía apenas cuatro años, ganó una carreta roja en un concurso de colorear. S. D. Schindler ama la naturaleza tanto como ama el arte. Usó las plantas y los animales del bosque cercano a su casa como modelos para las ilustraciones de *Crece un árbol*.

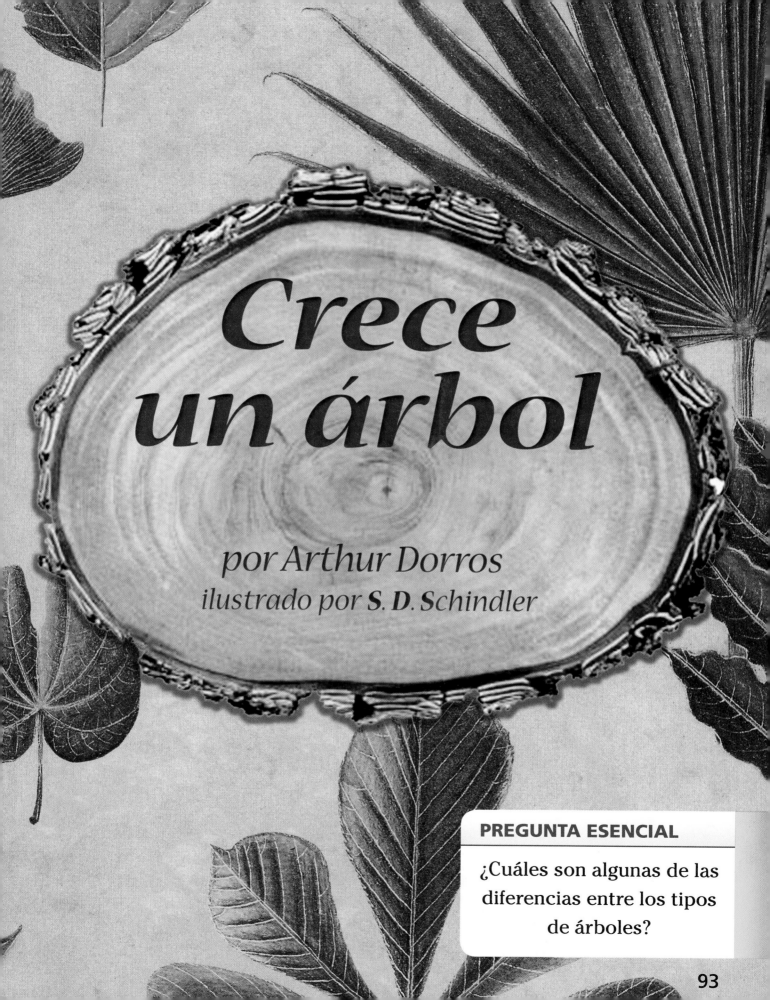

Crece un árbol

por Arthur Dorros
ilustrado por **S. D.** *Schindler*

PREGUNTA ESENCIAL

¿Cuáles son algunas de las diferencias entre los tipos de árboles?

Un árbol gigante puede parecer que
siempre fue grande. Pero, incluso, hasta el mayor
de los árboles sigue creciendo y cambiando.

En primavera se puede ver cómo crece un
árbol al observar las yemas o brotes de las ramas
que se convierten en hojas.

Los pinos
erizos son los
árboles más antiguos
que se conservan con
vida en la Tierra.
Algunos tienen
cinco mil años.
¡Son más viejos que
las pirámides de
Egipto!

95

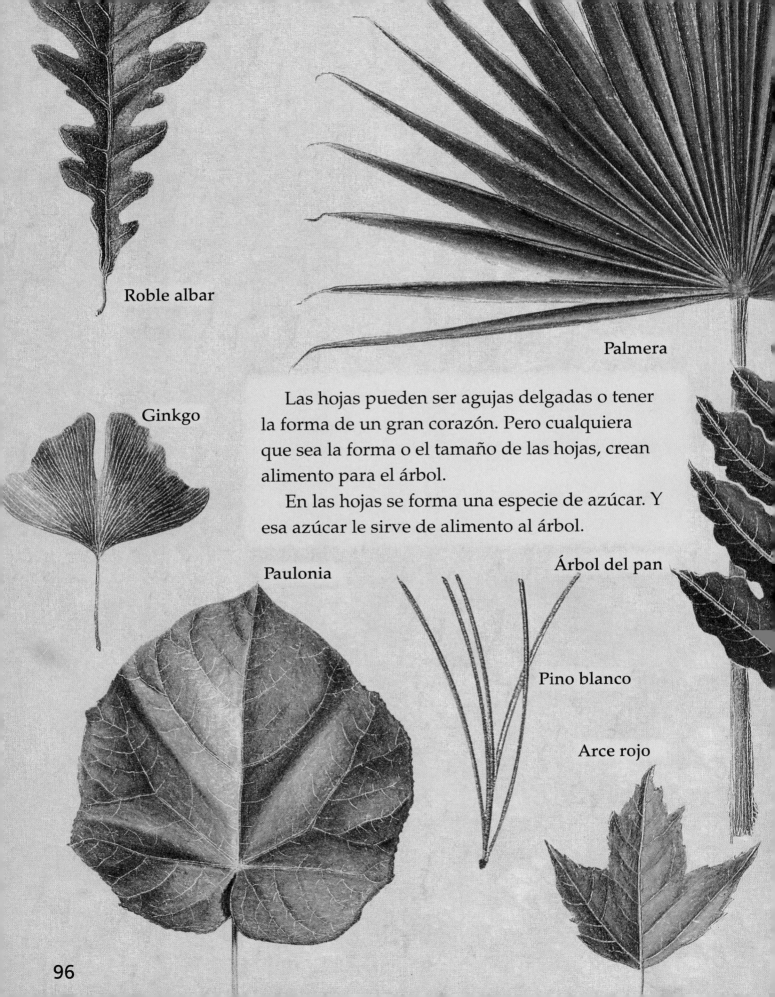

Roble albar

Palmera

Ginkgo

Las hojas pueden ser agujas delgadas o tener la forma de un gran corazón. Pero cualquiera que sea la forma o el tamaño de las hojas, crean alimento para el árbol.

En las hojas se forma una especie de azúcar. Y esa azúcar le sirve de alimento al árbol.

Árbol del pan

Paulonia

Pino blanco

Arce rojo

96

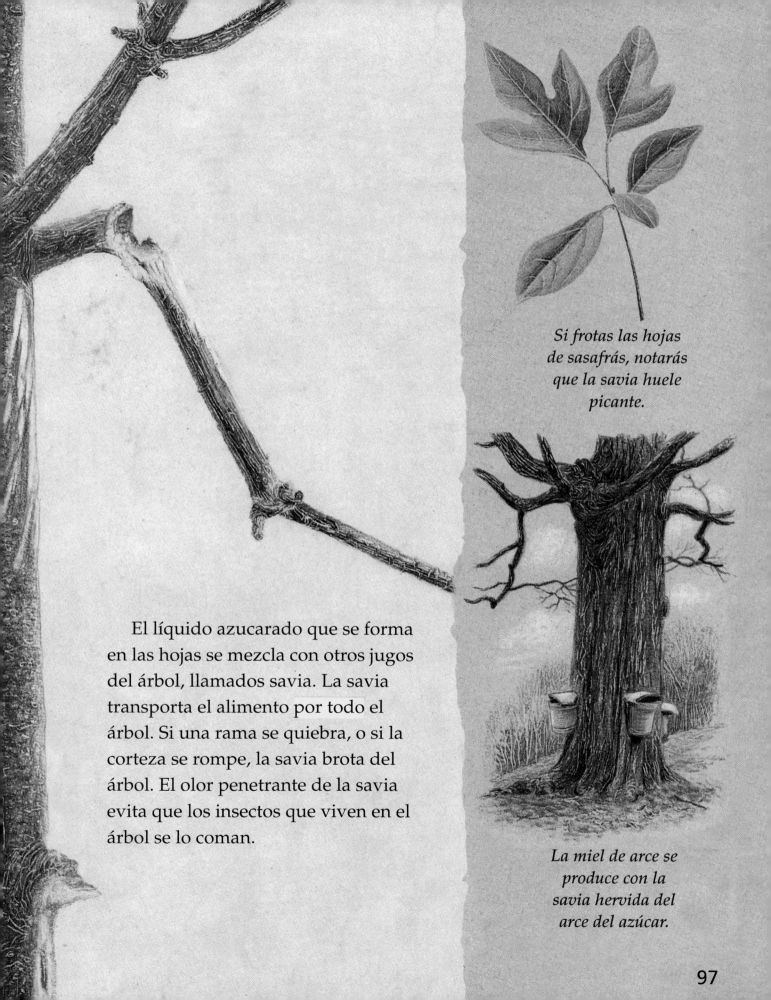

Si frotas las hojas de sasafrás, notarás que la savia huele picante.

El líquido azucarado que se forma en las hojas se mezcla con otros jugos del árbol, llamados savia. La savia transporta el alimento por todo el árbol. Si una rama se quiebra, o si la corteza se rompe, la savia brota del árbol. El olor penetrante de la savia evita que los insectos que viven en el árbol se lo coman.

La miel de arce se produce con la savia hervida del arce del azúcar.

Oruga

El baobab almacena agua en su tronco. Cuando está lleno se lo ve grueso y redondo. Durante los meses secos, este árbol obtiene el agua que necesita de su propio tronco. Entonces, su tronco se hace más delgado.

Agua

Los árboles necesitan luz, aire, tierra y agua para crecer.

El agua viaja por los canales del tronco y de las ramas hasta las hojas. El agua sube por el tronco como si se estuviera bebiendo a través de un popote.

La savia azucarada que se crea en las hojas baja por otros canales en el tronco para llevar alimento a las distintas partes del árbol.

Solo unos cuantos árboles tienden raíces desde sus ramas hasta la tierra para recolectar agua. Las raíces del baniano crecen como columnas alrededor del tronco.

Las raíces son fuertes al crecer. Mientras se desarrolla, una raíz puede levantar una acera o partir una roca. Al romper las piedras, las raíces ayudan a formar tierra.

Roble albar

Gusanos

Larva de escarabajo

Las raíces del árbol crecen en la tierra y lo sostienen. Las raíces son como tuberías. Absorben agua y la llevan al interior del árbol.

Las raíces se adentran profundamente en la tierra. Generalmente se extienden debajo de la tierra un poco más profundo de lo que crecen las ramas arriba.

Los árboles necesitan minerales para crecer. Los minerales son partículas diminutas que se encuentran en el suelo. La sal es uno de estos minerales. Al igual que la sal, otros minerales se disuelven en el agua: se mezclan con el agua que absorben las raíces, y así circulan por todo el árbol.

Los hongos que crecen entre sus raíces pueden ayudar al árbol a conseguir minerales. A la vez, los hongos y las plantas que crecen junto a un árbol aprovechan el agua que absorben las raíces.

Hongos boleto
bicolor

Pájaro
carpintero

La corteza es la piel del árbol. La capa externa
de la corteza protege el árbol. Cuando un roble
es joven, su corteza es suave como la piel de un
bebé. A medida que el árbol crece, su corteza se va
endureciendo y cuarteando.

Mariposa
Polifemo

Si quieres identificar un árbol, puede serte muy útil observar su corteza.

El corcho que se usa para hacer pizarras se obtiene de la corteza del alcornoque.

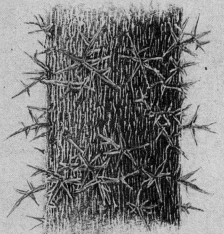

La corteza de la acacia de tres espinas está cubierta de púas para proteger el árbol.

En los lugares fríos, el cámbium solo crece en la primavera y el verano. Puedes contar los anillos de crecimiento para saber qué edad tenía un árbol cuando murió. El abeto de Douglas es un pino que puede tener más de mil anillos, uno por cada año de vida.

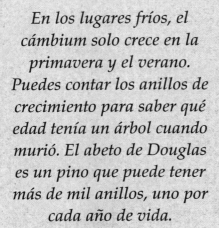

En los árboles de los bosques tropicales, el cámbium crece durante todo el año, pero no forma anillos en el tronco. Por ello es muy difícil saber la edad de esos árboles.

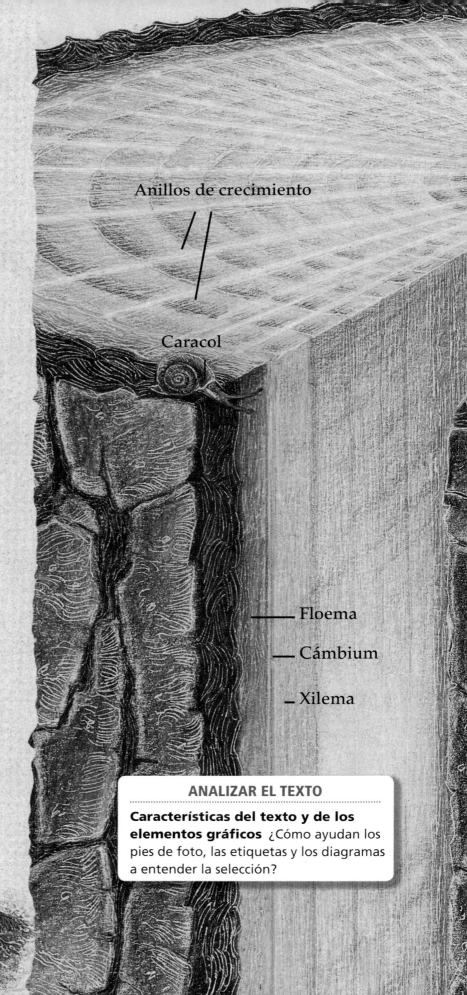

Anillos de crecimiento

Caracol

Floema

Cámbium

Xilema

ANALIZAR EL TEXTO

Características del texto y de los elementos gráficos ¿Cómo ayudan los pies de foto, las etiquetas y los diagramas a entender la selección?

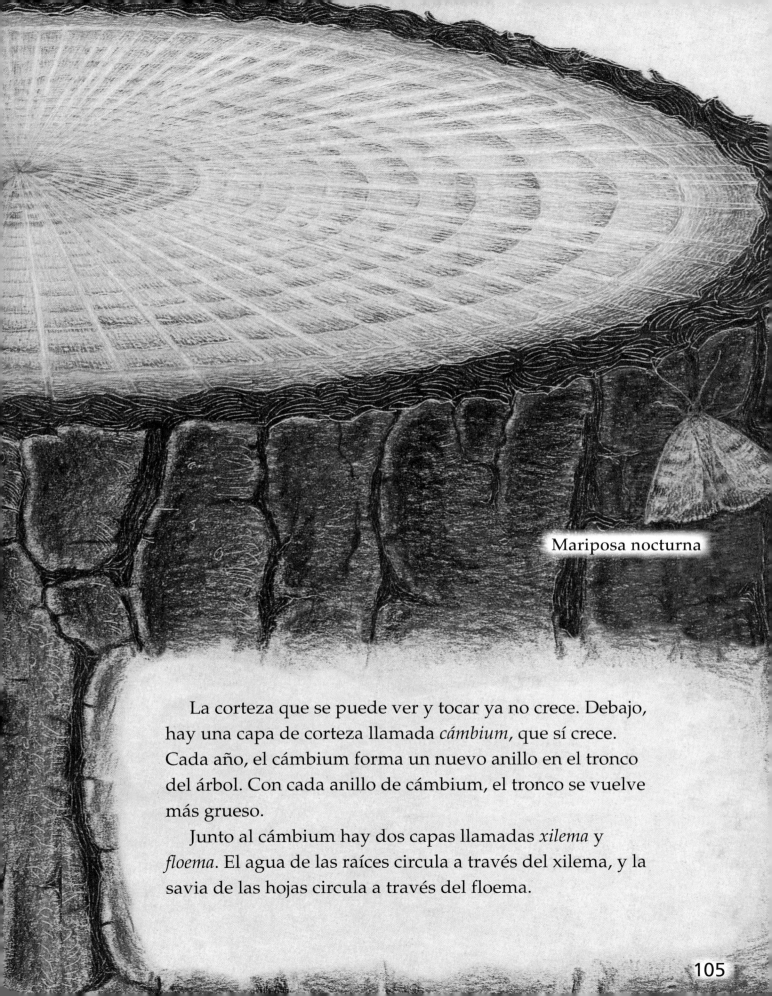

Mariposa nocturna

La corteza que se puede ver y tocar ya no crece. Debajo, hay una capa de corteza llamada *cámbium*, que sí crece. Cada año, el cámbium forma un nuevo anillo en el tronco del árbol. Con cada anillo de cámbium, el tronco se vuelve más grueso.

Junto al cámbium hay dos capas llamadas *xilema* y *floema*. El agua de las raíces circula a través del xilema, y la savia de las hojas circula a través del floema.

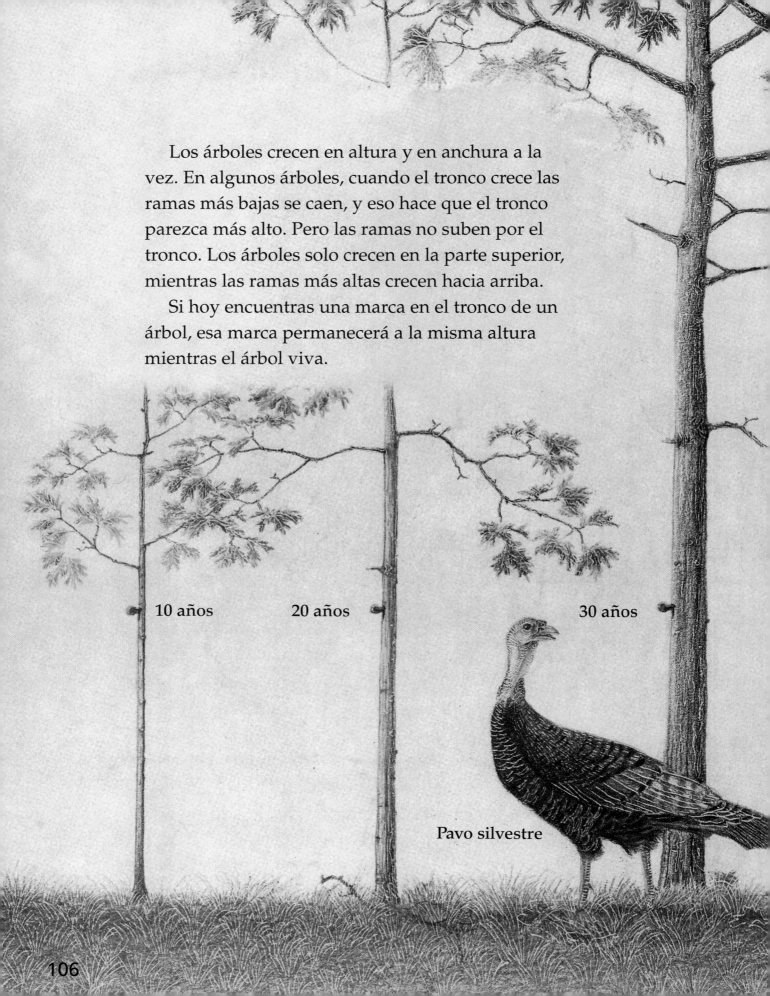

Los árboles crecen en altura y en anchura a la vez. En algunos árboles, cuando el tronco crece las ramas más bajas se caen, y eso hace que el tronco parezca más alto. Pero las ramas no suben por el tronco. Los árboles solo crecen en la parte superior, mientras las ramas más altas crecen hacia arriba.

Si hoy encuentras una marca en el tronco de un árbol, esa marca permanecerá a la misma altura mientras el árbol viva.

10 años   20 años   30 años

Pavo silvestre

Entre los árboles más altos del mundo están las secuoyas. Llegan a medir más de trescientos pies de altura.

50 años   200 años

107

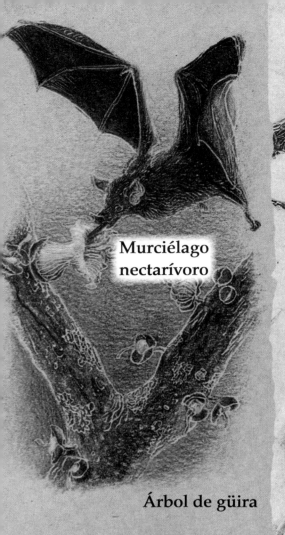

Murciélago nectarívoro

Árbol de güira

Amento

Pinzón purpúreo (macho)

Magnolio chino

Algunos pájaros, insectos y murciélagos se acercan a las flores en busca de sus dulces jugos. Al sacudir los pétalos, estos animales se impregnan de un polvillo llamado polen. Una vez satisfechos, se alejan y dispersan el polen sobre otras flores. Cuando este polvillo alcanza ciertas partes de esas flores, se forman semillas de las que nacerán nuevas flores. El viento también ayuda a polinizar las flores.

En la primavera se pueden oler las flores. Las flores de los árboles pueden ser de distintas formas y colores, y tienen su propio aroma. Algunas partes de la flor se convierten en semillas. Los robles tienen guirnaldas de flores llamadas candelillas o amentos, de las que salen las bellotas, que son las semillas del roble.

Abeja

Cereza silvestre

Pinzón purpúreo (hembra)

ANALIZAR EL TEXTO

Vocabulario específico de un campo
¿Qué palabras puedes hallar en estas dos páginas que estén relacionadas con las ciencias biológicas? ¿Qué significan?

109

Arce del azúcar

Un roble puede soltar más de cincuenta mil bellotas al año. Solo unas pocas llegarán a ser robles. A la mayoría se las comen o las pisan, se pudren o van a dar a un lugar donde sus raíces no pueden crecer.

Algunas de las bellotas se prenden en la piel de algún animal, que se las lleva y las suelta o entierra en otros lugares. Otros tipos de semilla vuelan con el viento o flotan sobre las aguas.

Semilla del arce del azúcar

Bellotas

Ardilla
gris

Cada tipo de árbol produce
su propia semilla, y cada
una de ellas está cubierta
de manera particular. Las
nueces, las piñas y las
frutas cubren las semillas
que están en su interior.

Nuez de
Brasil

Piña del
pino

Cereza

Los cocos son las semillas
de la palmera. Un coco
puede cruzar el mar
flotando y enraizar en una
playa muy distante.

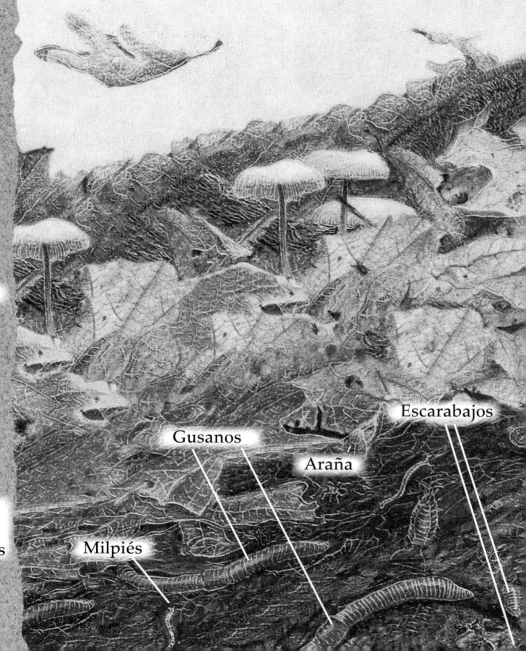

El otoño es la mejor temporada para recolectar hojas. Cada árbol tiene un color particular.

Tulipero

Ginkgo

Álamo

Árbol del ámbar

Roble de los pantanos

En los lugares fríos, los árboles dejan de crecer durante el otoño. Las hojas de muchos árboles dejan de crear alimentos azucarados y pierden su color verde. Entonces pueden verse los colores rojo, marrón, amarillo y anaranjado que también tienen las hojas.

Los pinos y algunos árboles tienen agujas u hojas que no cambian de color en el otoño.

Escarabajos

Gusanos

Araña

Milpiés

Topo

Cuando las hojas caen al suelo, los insectos
y los gusanos se las comen. Los trozos de hojas
mordidas o masticadas hacen que la tierra sea más
fértil, y eso ayuda al crecimiento de los árboles y
de otras plantas.

Roble albar

Roble albar

Castaño de Indias

Durante el frío del invierno, los árboles descansan y sus ramas están desnudas. Parecen estar muertas. Pero si las miras de cerca, verás los brotes o yemas que se convertirán en hojas y flores en la primavera.

En la primavera, escucha el viento susurrar entre las hojas. Los árboles han comenzado a crecer de nuevo.

COMPRENSIÓN

Ahora analiza

Cómo analizar el texto

Usa estas páginas para aprender acerca de Características del texto y de los elementos gráficos, y Vocabulario específico de un campo. Luego, vuelve a leer *Crece un árbol* para aplicar lo que has aprendido.

Características del texto y de los elementos gráficos

Los textos informativos como *Crece un árbol* ofrecen datos y detalles sobre un tema. Además del texto principal, los lectores pueden hallar información de otras maneras. Las barras laterales son una **característica del texto** que da más detalles sobre una parte del texto principal y pueden tener ilustraciones. Las **características de los elementos gráficos** incluyen ilustraciones y diagramas que ayudan a explicar el texto principal. Las etiquetas identifican las partes de las ilustraciones y de los diagramas o muestran cómo funciona algo.

Vuelve a leer la página 96 de *Crece un árbol*. Aquí, las ilustraciones rotuladas muestran diferentes tipos de hojas. En la página 99, un diagrama muestra cómo se transporta el agua en un árbol.

Usa una tabla como la siguiente para identificar las características y el propósito de cada una.

Característica del texto o del elemento gráfico	Página	Propósito

RI.3.4 determine the meaning of general academic and domain-specific words and phrases; **RI.3.5** use text features and search tools to locate information; **RI.3.7** use information gained from illustrations and words to demonstrate understanding; **L.3.4a** use sentence-level context as a clue to the meaning of a word or phrase; **L.3.6** acquire and use conversational, general academic, and domain-specific words and phrases

Vocabulario específico de un campo

Crece un árbol proporciona información científica sobre cómo crecen los árboles. La selección incluye palabras especiales que son parte del **campo,** o tema, de las ciencias. Usa las claves de contexto para descubrir el significado de las palabras científicas.

En la barra lateral de la página 104 está la palabra *cámbium*. El texto de la página 105 dice que cámbium es "una capa de corteza que sí crece". El texto también explica las palabras *xilema* y *floema*.

Es tu turno

Turnarse y comentar Repasa el texto con un compañero y prepárate para comentar esta pregunta: *¿Cuáles son algunas de las diferencias entre los tipos de árboles?* Mientras comentas la pregunta, túrnate con tu compañero para repasar y explicar las ideas clave. Usa evidencia del texto para apoyar tus ideas.

Comentar en la clase

Para continuar comentando *Crece un árbol,* usa evidencia del texto para explicar tus repuestas a estas preguntas:

1. ¿Por qué es difícil saber la edad de un árbol en los bosques tropicales?

2. ¿Por qué algunos árboles parecen muertos en el invierno? ¿Qué es lo que realmente les sucede a esos árboles?

3. ¿Qué tipo de árboles crecen donde tú vives? ¿Qué sabes sobre esos árboles?

ESCRIBE SOBRE LO QUE LEÍSTE

Respuesta Piensa en lo que aprendiste con *Crece un árbol*. ¿Cómo te sientes ahora con respecto a los árboles? Usa evidencia del texto y tus propias ideas para escribir un poema sobre los árboles. Comparte tu poema leyéndolo para un compañero.

Sugerencia para la escritura

Las palabras descriptivas ayudarán a tus lectores a imaginar lo que escribiste. Piensa en adjetivos y verbos llenos de colorido para describir tus árboles.

ESTÁNDARES COMUNES **RI.3.1** ask and answer questions to demonstrate understanding, referring to the text; **RI.3.7** use information gained from illustrations and words to demonstrate understanding; **W.3.10** write routinely over extended time frames or short time frames; **SL.3.1a** come to discussions prepared/explicitly draw on preparation and other information about the topic; **SL.3.1d** explain own ideas and understanding in light of the discussion; **L.3.3a** choose words and phrases for effect

Lección 18
POESÍA

Un alto en el bosque en una noche de invierno

✓ GÉNERO

La **poesía** usa el sonido y el ritmo de las palabras para mostrar imágenes y expresar los sentimientos.

✓ ENFOQUE EN EL TEXTO

Un poema puede separarse en **estrofas,** o grupos de versos. A menudo cada estrofa sigue el mismo patrón de rima.

ESTÁNDARES COMUNES

RL.3.5 refer to parts of stories, dramas, and poems/describe how each part builds on earlier sections; RL.3.10 read and comprehend literature

Un alto en el bosque en una noche de invierno

De quién son estos bosques tengo idea.
Su casa, sin embargo, está en la aldea;
No me verá detenida en este sitio,
Viendo cómo la nieve centellea.

Aprende en línea

Mi caballito pensará que es raro
Que, sin granja cercana, hayamos parado
Entre los bosques y el lago de hielo,
En la noche más lúgubre del año.

Las campanillas del arnés remueve
Como si presintiera que algo sucede.
Solo se oye el sonido entre los árboles
De los blancos copos y del viento leve.

Los bosques son bellos, hondos y sombríos, debo decir;
Pero promesas tengo muchas que cumplir,
Y millas por andar antes de dormir,
Y millas por andar antes de dormir.

por Robert Frost

Comparar el texto

DE TEXTO A TEXTO

Comparar las estaciones Piensa en cómo ve el bosque el poeta de "Un alto en el bosque en una noche de invierno". Usa evidencia de *Crece un árbol* para pensar sobre cómo se verían esos árboles durante la primavera. Escribe una lista para comparar y contrastar los árboles en invierno y en primavera. Luego, escribe un párrafo al respecto.

EL TEXTO Y TÚ

Comentar sobre los seres vivos ¿En qué te pareces a un árbol? ¿En qué te diferencias? Trabaja con un grupo pequeño. Túrnate con tus compañeros para decir en qué te pareces a un árbol y en qué te diferencias.

EL TEXTO Y EL MUNDO

Hablar sobre poemas Con un compañero, compara y contrasta "Un alto en el bosque en una noche de invierno" y otro poema, como "Nace un murciélago" de la Lección 6. En tu comentario, usa términos de poesía tales como *estrofa* y *rima.* Si es posible, grábate leyendo cada poema.

Aprende en línea

ESTÁNDARES COMUNES

RL.3.5 refer to parts of stories, dramas, and poems/describe how each part builds on earlier sections; **RI.3.9** compare and contrast important points and details in texts on the same topic; **SL.3.1d** explain own ideas and understanding in light of the discussion; **SL.3.5** create recordings of stories or poems that demonstrate fluid reading at an understanding pace/add visual displays

L.3.1a explain the function of nouns, pronouns, verbs, adjectives, and adverbs; **L.3.1d** form and use regular and irregular verbs; **L.3.1h** use coordinating and subordinating conjunctions

Gramática

Verbos copulativos y auxiliares Los verbos *ser* y *estar* no expresan acciones. Se usan para describir a las personas o las cosas. Se llaman **verbos copulativos.**

Verbos copulativos: *ser* y *estar*		
Presente	**Pasado**	**Sujeto**
soy; estoy	era/fui; estaba/estuve	yo
eres; estás	eras/fuiste; estabas/estuviste	tú
es; está	era/fue; estaba/estuvo	él/ella
somos; estamos	éramos/fuimos; estábamos/estuvimos	nosotros/nosotras
son; están	eran/fueron; estaban/estuvieron	ustedes
son; están	eran/fueron; estaban/estuvieron	ellos/ellas

El verbo *haber* se usa como **verbo auxiliar** junto con otros verbos para formar otros tiempos verbales. Acompaña al verbo principal e indica la conjugación. Sus formas son *(yo) he, (tú) has, (él/ella) ha, (nosotros/nosotras) hemos, (ustedes) han, (ellos/ellas) han.*

Verbo auxiliar: *haber*	
Yo **he** plantado semillas.	Los árboles **han** florecido.

Escribe cada oración correctamente usando la forma verbal que complete mejor la oración.

❶ Yo (eres, soy) experto en trepar árboles.

❷ Las niñas (ha, han) recolectado manzanas.

❸ Ellos (éramos, eran) excelentes jardineros.

❹ Al final del día, nosotros (estábamos, estaban) muy cansados.

Cuando escribas, recuerda que puedes unir dos oraciones que tengan el mismo predicado. Une los dos sujetos con la conjunción *y*. Asegúrate de cambiar la forma de los verbos *ser, estar* y *haber* para que concuerden con el sujeto.

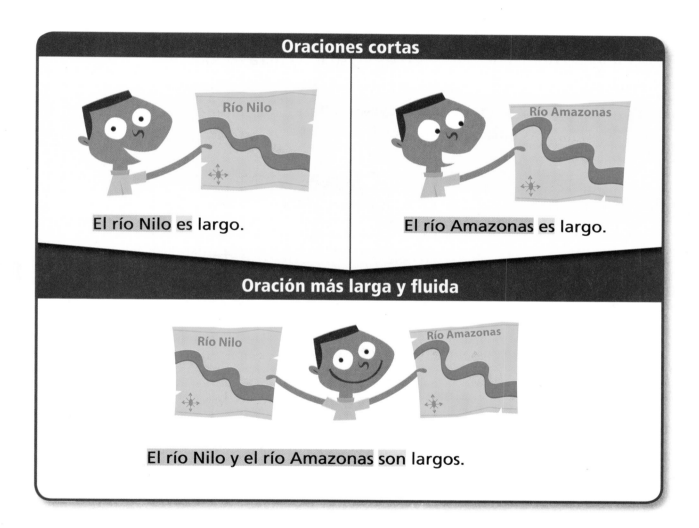

Oraciones cortas

El río Nilo es largo.

El río Amazonas es largo.

Oración más larga y fluida

El río Nilo y el río Amazonas son largos.

 Relacionar la gramática con la escritura

Mientras revisas tu párrafo de problema y solución, trata de combinar sujetos para formar oraciones más largas. Asegúrate de que la forma del verbo concuerde con el sujeto.

W.3.1a introduce the topic, state an opinion, and create an organizational structure; **W.3.1b** provide reasons that support the opinion; **W.3.1c** use linking words and phrases to connect opinion and reasons; **W.3.1d** provide a concluding statement or section; **L.3.3a** choose words and phrases for effect

Escritura de opinión

☑ **Elección de palabras**   Un **párrafo de problema y solución** presenta un problema e ideas sobre cómo resolverlo. Si usas palabras claras y exactas lograrás que los lectores comprendan cómo te sientes con respecto al problema y qué harías para resolverlo.

Tanya escribió a un periódico sobre su idea para ayudar a su ciudad. Primero, expresó el problema y su opinión. Luego, describió una solución. Cuando revisó su párrafo, cambió algunas palabras para aclarar sus ideas.

Lista de control de la escritura

☑ **Ideas**
¿Usé ideas y ejemplos de apoyo?

☑ **Organización**
¿Expresé claramente el problema y la solución?

☑ **Elección de palabras**
¿Usé palabras claras y exactas?

☑ **Voz**
¿Parezco seguro de mis ideas?

☑ **Fluidez de las oraciones**
¿Usé oraciones simples y compuestas?

☑ **Convenciones**
¿Revisé mi trabajo para corregir la gramática y la puntuación?

Borrador revisado

Desde la ~~gran~~ *histórica* tormenta de nieve del último otoño, el parque de nuestra ciudad se ve triste y desnudo. Muchas ramas grandes se rompieron, y los árboles fueron arrancados de raíz. ~~La tormenta convirtió~~ a *Veinte pulgadas de nieve convirtieron* nuestra Ciudad de Árboles en una Ciudad sin Árboles.

Ayuden a nuestra Ciudad de Árboles

por Tanya Petrov

Desde la histórica tormenta de nieve del último otoño, el parque de nuestra ciudad se ve triste y desnudo. Muchas ramas grandes se rompieron, y los árboles fueron arrancados de raíz. Veinte pulgadas de nieve convirtieron a nuestra Ciudad de Árboles en una Ciudad sin Árboles. Los turistas pasan de largo el parque cuando vienen aquí. Como está el parque ahora, da la sensación de que los árboles no nos importan. Yo creo que nuestra ciudad puede volver a ser una Ciudad de Árboles. El último viernes de abril es el Día del Árbol. Ese día, nuestra ciudad puede organizar un evento para plantar árboles. Ya hablé con los maestros y los estudiantes de mi escuela. Van a ayudar a planificar el evento y a plantar los árboles. Los turistas verán todos los árboles nuevos y sabrán que nuestra ciudad ama a los árboles.

Leer como escritor

¿Por qué Tanya reemplazó "la tormenta" con "veinte pulgadas de nieve"? ¿En qué parte de tu párrafo puedes agregar más palabras exactas?

Agregué algunas palabras exactas para que mis ideas sean más detalladas y claras.

Dos oseznos

¿De quién es esta tierra? por Ellen Gold

VOCABULARIO CLAVE

regaño

vorazmente

ignorar

vacilación

carga

vistazo

base

consolar

somnoliento

heroico

Librito de vocabulario

Tarjetas de contexto

L.3.6 acquire and use conversational, general academic, and domain-specific words and phrases

128

Vocabulario en contexto

1 regaño

Estos cachorros se ganaron un regaño de su mamá leona por comportarse mal.

2 vorazmente

La ardilla listada come vorazmente y no comparte su comida con otros.

3 ignorar

El cervatillo ignora a su madre porque está mirando algo que está lejos.

4 vacilación

El oso muestra vacilación cuando los caminantes pasan.

Aprende en línea

▶ Estudia cada Tarjeta de contexto.

▶ Usa palabras del Vocabulario para relatar un cuento sobre dos o más de las fotos.

5 carga

Los viajeros colocaron una pesada carga sobre el yak.

6 vistazo

El niño echa un vistazo, o mira con rapidez, por la ventana para ver algo.

7 base

El agua corre cerca de la base de la montaña llamada El Capitán.

8 consolar

La madre trata de consolar a su hija porque se cayó y se lastimó.

9 somnoliento

Después de cazar, el zorro está somnoliento y se queda dormido en su madriguera.

10 heroico

Los heroicos campistas combatieron el incendio hasta que llegó la ayuda.

Leer y comprender

☑ DESTREZA CLAVE

Estructura del cuento Algunas partes de las obras de teatro son iguales que en otros cuentos. Mientras lees la obra de teatro *Dos oseznos*, busca cuál es el entorno y los personajes principales. Identifica el problema que enfrentan los personajes y cómo lo resuelven.

A diferencia de otros cuentos, las obras de teatro están organizadas en **escenas** que ayudan a dividir en partes una presentación en el escenario. Observa de qué manera los sucesos de la trama en cada escena conducen a los sucesos de la escena siguiente. Usa un mapa del cuento como el siguiente para anotar evidencia del texto sobre el **entorno**, los **personajes** y la **trama**.

Entorno	Personajes
Trama	
Escena 1	
Escena 2	
Escena 3	

☑ ESTRATEGIA CLAVE

Resumir Identifica la acción principal que tiene lugar en cada escena de *Dos oseznos.* Luego, combina esos sucesos para **resumir**, o relatar de manera breve, la trama de la obra de teatro.

ESTÁNDARES COMUNES **RL.3.2** recount stories and determine the message, lesson, or moral; **RL.3.5** refer to parts of stories, dramas, and poems/describe how each part builds on earlier sections

130

UN VISTAZO AL TEMA PRINCIPAL

Relaciones sociales

La gran roca El Capitán se levanta en medio del hermoso valle Yosemite, en California. Los miwok son indios americanos cuyos antepasados vivieron en el valle por cientos de años. Durante siglos, los miwok han relatado un mito que explica de qué manera se originó la roca.

Sin embargo, el mito cuenta algo más que eso. Muestra que los miwok creían en la importancia de que los miembros de una comunidad se unieran mediante la ayuda mutua en tiempos difíciles. En *Dos oseznos,* leerás el mito de los miwok en forma de obra de teatro. Verás de qué manera los animales tratan de ayudar cuando dos oseznos y su mamá están en problemas.

TEXTO PRINCIPAL

Dos oseznos

☑ DESTREZA CLAVE

Estructura del cuento Mientras lees, identifica el entorno, los personajes y la trama de la obra de teatro. Observa de qué manera la acción en cada escena, o parte de la obra, conduce a la escena siguiente.

☑ GÉNERO

Una **obra de teatro** es un cuento que se puede representar ante una audiencia. Mientras lees, busca:

▶ encabezamientos que te indiquen dónde comienzan las escenas,

▶ diálogos, o las palabras que dicen los personajes y

▶ acotaciones.

ESTÁNDARES COMUNES **RL.3.2** recount stories and determine the message, lesson, or moral; **RL.3.5** refer to parts of stories, dramas, and poems/describe how each part builds on earlier sections; **RL.3.10** read and comprehend literature

 Aprende en línea

CONOCE AL DRAMATURGO

Robert D. San Souci

La mayoría de las ideas de Robert D. San Souci para sus libros provienen de la lectura y la investigación. Le fascinan los cuentos populares de todo el mundo. Sus libros relatan esos cuentos.

CONOCE A LA ILUSTRADORA

Tracy Walker

A Tracy Walker le gusta estudiar las formas de la naturaleza que la rodean, como los árboles, las plantas y las flores. Le gustan los diseños de la naturaleza y los usa como inspiración para su arte.

Dos oseznos

de un mito miwok
adaptado por Robert D. San Souci
ilustrado por Tracy Walker

Personajes:
NARRADOR
MAMÁ OSA
HERMANO MAYOR
HERMANO MENOR
HALCÓN
ZORRO
TEJÓN
MAMÁ CIERVA
2 CERVATILLOS
PUMA
RATÓN
ORUGA MEDIDORA *(TU-TOK-A-NA)*

PREGUNTA ESENCIAL

¿De qué manera los miembros de una comunidad se ayudan unos a otros?

133

PRÓLOGO

NARRADOR. (*Entra por la izquierda*). Mucha nieve ha ido y venido desde que esta historia se contó por primera vez. Mi pueblo, los miwok, viven en California; algunos, en lo que ahora se llama el valle Yosemite. Contamos historias de los tiempos pasados, cuando las personas-animales vivían en el valle. Una historia comienza con MAMÁ OSA cuando va al río para atrapar peces para ella y sus oseznos. (*Sale*).

ESCENA 1

ENTORNO. *Hay un bosque y una montaña a la izquierda; hay un cielo con nubes a la derecha. Una tela azul o un trozo de cartón pintado que atraviesa el frente del escenario hace las veces de río.*

(*MAMÁ OSA entra por la izquierda, con una cesta para peces, y se detiene a la orilla del río. Sus oseznos, HERMANO MENOR y HERMANO MAYOR, entran y comienzan a jugar en el "agua"*).

HERMANO MAYOR. (*Riendo y salpicando agua*). ¡No tengas miedo! ¡Es solo un poco de agua, Hermano Menor!

HERMANO MENOR. (*Salpicando también*). ¡No tengo miedo, Hermano Mayor!

MAMÁ OSA. (*Con voz de regaño*). ¡Niños! ¡Basta de asustar a los peces o no tendremos nada para comer! ¡Salgan del agua, ya! (*Ellos obedecen, pero no sin antes salpicarse una o dos veces más*). Quiero que junten bayas; pero quédense cerca y no vayan río abajo. Allí pasan cosas extrañas.

(*MAMÁ OSA se mueve hacia la izquierda; los OSEZNOS se mueven hacia la derecha, mientras juegan y se empujan entre sí. Aparece un arbusto con bayas*).

HERMANO MAYOR. Mira estas bayas. (*Las toma y las come vorazmente*). ¡Son tan dulces! ¡Pruébalas!

HERMANO MENOR. Debemos llevárselas a mamá. (*Cuando el* HERMANO MAYOR *lo* ignora*, el osezno más joven comienza a comer bayas también. De pronto, se frota el estómago*). ¡Comí demasiado!

HERMANO MAYOR. Llevaremos algunas más tarde. Uh, yo también estoy lleno. (*Señalando*). Veamos qué hay río abajo.

HERMANO MENOR. (*Preocupado*). Se supone que no debemos ir allí.

HERMANO MAYOR. (*Con tono de burla, empezando a dirigirse en esa dirección*). Solo veo el río y árboles y piedras. ¿Qué hay allí para que tengamos miedo?

(*Después de un momento de* vacilación*, el* HERMANO MENOR *sigue al* HERMANO MAYOR).

HERMANO MENOR. (*Frotándose los ojos*). Estoy cansado. El sol fuerte y la panza llena me dan ganas de dormir.

HERMANO MAYOR. (*Bostezando*). Una siesta nos vendría bien.

(*Una plataforma levantada, decorada como una roca, se desplaza a la vista*).

HERMANO MENOR. (*Señalándola*). Mira esa roca grande y plana. Se ve tan cálida. Descansemos allí. (*Los* OSEZNOS *se echan uno al lado del otro, se estiran y se quedan dormidos*).

NARRADOR. (*Entrando por la izquierda*). Los oseznos se quedaron dormidos sobre la piedra. Pero la piedra era la semilla de una montaña. Mientras ellos dormían, la piedra se hizo más y más grande, más y más alta. (*Con la mano, hace una espiral ascendente para representar la montaña que crece*). Los llevó tan alto que solo el Halcón los vio mientras pasaba volando . . . (*Hace una pausa*).

(*Entra el* HALCÓN *por la derecha, moviendo sus brazos como alas. Pasa "volando" al lado de la roca, mira a los* OSEZNOS, *que están durmiendo y, luego, "vuela" de regreso hacia el lugar de donde vino, fuera de escena*).

NARRADOR. (*Continuando*). ...Mientras tanto, la Mamá Osa se preguntaba qué había pasado con sus oseznos. (*Sale por la izquierda*).

ESCENA 2

(*El* ZORRO *y el* TEJÓN *están en escena, apoyando tablas de madera de cedro sobre una estructura de postes con forma de tienda*).

MAMÁ OSA. (*Entrando por la izquierda y llamando en voz alta*). ¡Hermano Mayor! ¡Hermano Menor!

(MAMÁ OSA *ve al* ZORRO *y al* TEJÓN). ¡Zorro! ¡Tejón! ¿Han visto a mis hijos?

ZORRO. No. Estuve ayudando al Tejón a construir un nuevo hogar.

TEJÓN. Ninguno de nosotros los ha visto. Te ayudaremos a buscarlos.

(*El* ZORRO, *el* TEJÓN *y la* MAMÁ OSA *buscan hacia la derecha. La* MAMÁ CIERVA *y los* CERVATILLOS *entran por la izquierda y se sientan, mientras muelen bellotas. El* ZORRO, *el* TEJÓN *y la* MAMÁ OSA *regresan por la izquierda y ven a la* MAMÁ CIERVA *y sus dos* CERVATILLOS).

MAMÁ OSA. Mamá Cierva, no hallo a mis pequeños. ¿Los has visto?

MAMÁ CIERVA. En todo este tiempo en el que mis hijos y yo estuvimos moliendo bellotas, tus oseznos no han pasado por aquí. Pero te ayudaremos a hallarlos.

(*La* MAMÁ CIERVA *y los* CERVATILLOS *se levantan y se unen a los demás. Todo el grupo se mueve hacia la derecha y, luego, de nuevo hacia la izquierda. Se encuentran con el* PUMA, *que está transportando leña*).

ANALIZAR EL TEXTO

Estructura del cuento ¿Cómo puedes saber si esta es una nueva escena? ¿Cómo se desarrolla a partir de lo que ocurre en la Escena 1?

Mamá Osa. Puma, estamos buscando a mis hijos perdidos.

Puma. (*Bajando la carga*). Te ayudaré a hallarlos.

(Todos *se mueven hacia la derecha, mientras el* Ratón *entra por la izquierda y se sienta. El* Ratón *está tejiendo un cesto. El grupo a la derecha se mueve hacia la izquierda y se encuentra con el* Ratón).

Mamá Osa. Ratón, ¿has visto a mis hijos? Los hemos buscado por todas partes. Hemos mirado dentro de los troncos huecos y de las cuevas, y donde están las bayas y en el árbol de la miel.

Ratón. (*Levantándose*). No, pero te ayudaré. Quizá se fueron río abajo.

Mamá Osa. Les advertí que no fueran allí.

Mamá Cierva. (*Palmeando la espalda de* Mamá Osa *y echando un vistazo a sus propios* Cervatillos). A veces, nuestros pequeños no nos escuchan muy bien. Estoy de acuerdo en que miremos río abajo.

(*Los* Animales *en escena se mueven lentamente hacia la "montaña"*).

ZORRO. (*Deteniéndose y señalando*). ¡Miren, todos! Hay una montaña donde antes solo había una piedra.

(TODOS *alzan lentamente la cabeza mientras echan un vistazo a la montaña, desde la base hasta la cima. Mientras lo hacen, el* HALCÓN *entra como antes, batiendo sus alas*).

MAMÁ OSA. Veo al Halcón. (*Pone las patas delanteras en forma de cono alrededor de la boca y le grita al* HALCÓN, *mientras mira hacia "arriba"*). ¡Halcón! ¿Has visto a mis oseznos, que se perdieron?

HALCÓN. (*Hablando hacia "abajo"*). Están dormidos en esta extraña montaña nueva.

MAMÁ OSA. (*Hablando hacia "arriba"*). Por favor, vuela hasta donde están mis hijos, despiértalos y ayúdalos a hallar su camino hacia abajo.

141

(*El* Halcón *hace gestos como si volara hacia los* Oseznos *y fuera empujado hacia atrás por los vientos montañosos. Después de varios intentos, les habla a los que están "abajo"*).

Halcón. (*Hablando hacia "abajo"*). El viento no me permite llegar hasta tus pequeños. Alguien tendrá que subir y rescatarlos.

Narrador. (*Entrando por la izquierda*). Uno por uno, los animales trataron de llegar hasta los oseznos. (*Los* Animales *hacen gestos mostrando sus intentos, mientras el* Narrador *habla*). La Mamá Osa hizo varios intentos, pero siempre terminó rodando cuesta abajo. El Ratón fue saltando de piedra en piedra, pero sintió miedo enseguida y saltó de vuelta hacia abajo. El Tejón subió un poco más alto. La Mamá Cierva, todavía un poco más alto. El Zorro lo hizo mejor. Pero ninguno tuvo éxito. Hasta el Puma fracasó.

(*Cuando la* Mamá Osa *ve esto, comienza a llorar. Los otros animales se acercan para* consolar *a la* Mamá Osa. *Sin ser vista por ninguno de ellos, entra la* Oruga Medidora).

Mamá Osa. (*Con tristeza*). Puma, tú eres el mejor trepador y eras mi mayor esperanza. Ahora, no hay nadie que pueda rescatar a mis ozesnos.

Oruga Medidora. Yo lo intentaré.

(*Los otros animales se dan vuelta y la miran fijamente. Luego,* Todos *excepto* Mamá Osa *comienzan a reírse*).

PUMA. ¡Oruga Medidora tonta! ¿Crees que puedes hacer lo que el resto de nosotros no ha logrado?

RATÓN. (*Con desagrado*). ¡*Tu-tok-a-na!* ¡Tu nombre es más largo que tú!

NARRADOR. (*Apareciendo por la izquierda*). Mi pueblo llama *Tu-tok-a-na* a la Oruga Medidora. Significa "Pequeña Contraer-Estirar". Para moverse, ella se estira (*tu*) y, luego, se contrae (*tok*). Así se desplazan las orugas.

MAMÁ OSA. (*Secándose los ojos*). Acepto tu ayuda.

(*La* ORUGA MEDIDORA *comienza a trepar, mientras va gritando "¡Tu-tok!". Los demás* ANIMALES *se sientan de cara a la montaña, observando cómo la* ORUGA *se estira y se contrae a medida que sube*).

ORUGA MEDIDORA. (*En voz alta*). ¡Tu-tok! ¡Tu-tok!

ESCENA 3

NARRADOR. De a poco, la Oruga Medidora trepó aun más alto
que el Puma. Subió tan alto que los animales allí abajo no
pudieron seguir viéndola u oyéndola. A veces, ella sentía
miedo y se detenía al ver lo alto que había trepado y lo
mucho más alto que debía continuar trepando. Luego,
pensaba en la pobre Mamá Osa, tan preocupada en la
base de la montaña. Pensaba en los oseznos que estaban
en peligro en la cima. Luego, reunía coraje de nuevo y
seguía trepando, mientras gritaba:

ORUGA MEDIDORA. *¡Tu-tok! ¡Tu-tok! ¡Tu-tok!*

(El NARRADOR *sale, mientras la* ORUGA MEDIDORA *finalmente llega
gateando a la cima de la roca. Se acerca a los dos* OSEZNOS
dormidos y los llama).

Oruga Medidora. ¡Despierten!

(*Los* Oseznos *muestran un aspecto somnoliento, mientras se despiertan y bostezan*).

Hermano Mayor. (*Gateando y mirando por uno de los lados de la "roca"*). ¡Hermano Menor! ¡Algo terrible ha pasado! Mira lo alto que estamos.

Hermano Menor. (*También sobre sus rodillas y espiando hacia abajo*). Estamos atrapados aquí. Nunca regresaremos con nuestra madre.

(*Los* Oseznos *comienzan a llorar. Se han olvidado de la* Oruga Medidora).

Oruga Medidora. (*Consolando a los* Oseznos). No tengan miedo. He venido a guiarlos para que bajen la montaña sin correr peligro. Solo síganme y hagan lo que les digo. Iremos por el camino seguro que me trajo hasta aquí.

Hermano Mayor. ¡Tengo miedo de caer!

Hermano Menor. ¡Yo también tengo miedo!

Oruga Medidora. (*Con delicadeza*). Seguramente, los hijos de Mamá Osa no tienen tanto miedo porque ella es la criatura más valiente del valle.

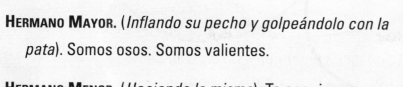

HERMANO MAYOR. (*Inflando su pecho y golpeándolo con la pata*). Somos osos. Somos valientes.

HERMANO MENOR. (*Haciendo lo mismo*). Te seguiremos.

(*Los tres hacen gestos como si anduvieran por un camino seguro, mientras forman una hilera: la* ORUGA *va primero, la sigue el* HERMANO MAYOR *y, luego, viene el* HERMANO MENOR. *Abajo, de pronto, el* ZORRO *ve algo; se pone de pie y mira con más atención*).

ZORRO. (*Con entusiasmo, señala un lugar que está a mitad de camino, montaña arriba*). ¡Mamá Osa! ¡Mira! La Oruga Medidora está guiando a tus oseznos para que bajen de la montaña.

(*Todos los* ANIMALES *miran hacia donde señala el* ZORRO).

MAMÁ OSA. (*Con alegría y temor*). ¡Tengan cuidado, hijos míos!

MAMÁ CIERVA. (*Tranquilizando a su amiga*). Confía en la Oruga Medidora. Los ha traído hasta donde están sin correr peligro. No te fallará ahora.

(*Los* ANIMALES *siguen mirando. Lentamente, bajan la vista para seguir a los escaladores mientras estos bajan de la montaña. Por último, los* OSEZNOS *y la* ORUGA MEDIDORA *dan un salto final de la "montaña" al "suelo". Los* OSEZNOS *corren hacia donde está su madre. La* MAMÁ OSA *les da un fuerte abrazo. Luego, los aparta un poco y agita su dedo haciendo un gesto de represión*).

MAMÁ OSA. (*Con voz de regaño*). ¡Ustedes dos han sido muy traviesos! ¡Miren el problema y la preocupación que nos han causado a todos! ¡No me escucharon y fueron adonde se suponía que no debían ir!

HERMANO MAYOR. (*Bajando la cabeza*). Lo siento. No lo volveré a hacer.

HERMANO MENOR. (*Comenzando a llorar*). ¡Nunca más te desobedeceré!

ANALIZAR EL TEXTO

Mensaje del cuento ¿Las acciones de cuál de los personajes muestran a los lectores un ejemplo para seguir? ¿Qué te dice eso acerca del mensaje del cuento?

MAMÁ OSA. (*Abrazándolos de nuevo*). Asegúrense de recordar lo que pasó hoy. Pero no lloren, pequeños. Todo ha terminado bien, gracias a la ayuda y al coraje de la Oruga Medidora.

(*Los* ANIMALES *rodean a la* ORUGA MEDIDORA *y la felicitan*).

NARRADOR. (*Entrando por la izquierda*). Luego, todos los animales decidieron llamar *Tu-tok-a-nu-la* a la nueva montaña. Significa "Piedra de la Oruga Medidora". Hicieron eso para honrar el comportamiento heroico de la oruga, que logró algo que ninguna otra criatura había podido hacer: rescatar a los dos oseznos. La montaña tuvo ese nombre por muchos años, hasta que llegaron otros, que la llamaron El Capitán. Nosotros, los miwok, todavía seguimos llamando *Tu-tok-a-nu-la* a la montaña, hasta el día de hoy.

FIN

Ahora analiza

Cómo analizar el texto

Usa estas páginas para aprender acerca de Estructura del cuento y Mensaje del cuento. Luego, vuelve a leer *Dos oseznos* para aplicar lo que has aprendido.

Estructura del cuento

Un mito, como *Dos oseznos*, relata un cuento. Como todos los cuentos, tiene un **entorno** donde ocurre el cuento. Tiene **personajes**, que son los animales del cuento. También tiene una **trama**, que indica el orden de los sucesos en que los personajes resuelven un problema.

Dos oseznos está escrito como una obra de teatro, de modo que la trama se divide en **escenas**, en vez de capítulos. Los encabezamientos te indican dónde comienza cada nueva escena. La acción de cada escena se desarrolla a partir de la acción que ocurrió en la escena previa. Los personajes se enumeran en la página 133. En el prólogo de la página 134, el narrador describe el entorno.

Entorno	Personajes
Trama	
Escena 1	
Escena 2	
Escena 3	

RL.3.2 recount stories and determine the message, lesson or moral; **RL.3.5** refer to parts of stories, dramas, and poems/describe how each part builds on earlier sections

Mensaje del cuento

Los cuentos tradicionales, como *Dos oseznos*, tienen un mensaje. El **mensaje** dice algo importante acerca de la vida o de cómo vivir.

El mensaje no es explícito. En cambio, los lectores deben observar de qué manera actúan los personajes y qué ocurre en el cuento. Esos detalles, o evidencia del texto, pueden ayudar a los lectores a responder a las preguntas "¿Qué puedo aprender acerca de la vida en este cuento?" y "¿Cuál es el mensaje del cuento?".

Es tu turno

REPASAR LA PREGUNTA ESENCIAL

Turnarse y comentar Repasa *Dos oseznos* con un compañero y prepárate para comentar esta pregunta: *¿De qué manera los miembros de una comunidad se ayudan unos a otros?* Mientras comentas la pregunta, túrnate con tu compañero para repasar y explicar las ideas clave. Incluye evidencia del texto para apoyar tus ideas.

 **Comentar en la clase**

Para continuar comentando *Dos oseznos,* usa evidencia del texto para explicar tus respuestas a estas preguntas:

1 ¿Cómo reaccionan los animales al comienzo cuando la Oruga Medidora dice que hallará a los oseznos? ¿Por qué?

2 ¿Cómo convence la Oruga Medidora a los oseznos para que bajen la montaña detrás de ella?

3 ¿Qué puedes aprender acerca de las creencias y los valores de los miwok en este cuento?

ESCRIBE SOBRE LO QUE LEÍSTE

Respuesta La Oruga Medidora ayuda a los oseznos a volver sanos y salvos con la Mamá Osa. ¿Qué cualidades mostró mientras ayudaba a los oseznos? Usa evidencia del texto para escribir una descripción del personaje de la Oruga Medidora.

Dos oseznos

Sugerencia para la escritura

Usa palabras precisas cuando describas las cualidades de la Oruga Medidora. Da un ejemplo de cada cualidad basándote en el texto.

Aprende en línea

ESTÁNDARES COMUNES **RL.3.1** ask and answer questions to demonstrate understanding, referring to the text; **RL.3.3** describe characters and explain how their actions contribute to the sequence of events; **RL.3.5** refer to parts of stories, dramas, and poems/describe how each part builds on earlier sections; **W.3.10** write routinely over extended time frames or short time frames; **SL.3.1d** explain own ideas and understanding in light of the discussion

¿De quién es esta tierra?

por Ellen Gold

Un **texto informativo** brinda información basada en hechos sobre un tema. Este es un artículo de un periódico.

✓ ENFOQUE EN EL TEXTO

Las **fotografías** muestran imágenes verdaderas de detalles importantes del texto. Los **pies de foto** dicen algo más sobre estas fotos.

RI.3.7 use information gained from illustrations and words to demonstrate understanding; **RI.3.10** read and comprehend informational texts

---

NOTICIAS

lunes 5 de septiembre de 2014

¿De quién es esta tierra?

por Ellen Gold

Las personas y los animales salvajes

Las personas y los animales necesitan lugares donde vivir. Los animales han vivido en tierras vírgenes durante miles de años. Viven en bosques antiguos, océanos y otros hábitats. Sin embargo, los animales salvajes viven también en los jardines de las casas. También viven en las ciudades.

Los coyotes no son extraños en las ciudades. ¡Uno llegó a entrar en un restaurante en Chicago! Al instante, un trabajador aterrado se trepó al mostrador.

DE HOY

Toparse inesperadamente con un caimán puede ser escalofriante. Tal vez haya que tomar medidas de emergencia, como hacer que un especialista en trampas capture al animal.

Pérdida del hábitat

¿Por qué se mudan los animales salvajes cerca de las personas? Están perdiendo sus hábitats y, entonces, deben hallar nuevos lugares donde vivir.

Los incendios destruyen los hogares de muchos animales. Algunos años son especialmente "ardientes". En 2006, los incendios quemaron cerca de 10 millones de acres de tierras silvestres en Estados Unidos.

Las personas también destruyen los hábitats. Construyen casas, tiendas y caminos en los lugares donde viven los animales salvajes. En Florida, muchas viviendas están cerca de los pantanos y de las vías navegables. Son lugares donde viven los caimanes.

Cambiar los hábitos

Los caimanes han existido desde épocas prehistóricas. La mayoría teme a la gente. Sin embargo, eso puede estar cambiando. ¿Por qué?

La razón no es misteriosa: algunas personas dan comida a los caimanes. Entonces, esos caimanes dejan de temer a las personas. Puede ser que piensen que todas las personas los alimentarán.

Otros animales también relacionan a las personas con la comida. Los expertos científicos saben mucho sobre los osos negros. Los osos del campo buscan comida durante el día. Los osos de las ciudades comen por la noche: saben que las personas sacan la basura. Entonces, los osos de las ciudades hallan comida en los contenedores y botes de basura.

¿De qué manera pueden las personas mantener alejados a los osos? Las personas necesitan cambiar sus hábitos. Deben usar botes de basura a prueba de osos. Deben cerrar los botes inmediatamente después de usarlos. Si los osos no logran conseguir comida, no regresarán.

Este oso negro ha entrado en el jardín trasero de una casa, en el corazón de una gran ciudad. ¿Alguna vez han visitado tu hogar los animales salvajes?

Comparar el texto

DE TEXTO A TEXTO

Comparar osos Con un compañero, compara los osos de *Dos oseznos* con los osos que se describen en *¿De quién es esta tierra?* ¿En cuál de los textos los osos son realistas? ¿En cuál actúan como personas? ¿Qué puedes aprender acerca del comportamiento de los osos a partir de cada texto? Trabaja con tu compañero para escribir las respuestas. Apoya tus respuestas con evidencia del texto.

EL TEXTO Y TÚ

Conectar con la escritura En *¿De quién es esta tierra?*, se describen algunas experiencias que tienen las personas con los animales salvajes. Piensa en alguna ocasión en la que tuviste una experiencia divertida, terrorífica o interesante con un animal. Escribe un párrafo en el que cuentes qué ocurrió.

EL TEXTO Y EL MUNDO

Comparar hermanos Piensa en el Hermano Mayor y el Hermano Menor de *Dos oseznos.* Comenta con un compañero en qué se parecen y en qué se diferencian. Compara cómo actúan esos osos entre sí y cómo actúan a veces los hermanos humanos.

Aprende en línea

ESTÁNDARES COMUNES

RL.3.1 ask and answer questions to demonstrate understanding, referring to the text; **RL.3.3** describe characters and explain how their actions contribute to the sequence of events; **W.3.3b** use dialogue and descriptions to develop experiences and events or show characters' responses; **W.3.10** write routinely over extended time frames or short time frames

Gramática

 Aprende en línea

Más verbos irregulares Algunos verbos tienen una conjugación especial en algunos tiempos verbales. Tienen otra conjugación cuando se usan con el verbo auxiliar *haber.*

Presente	Pretérito perfecto simple	Con verbos auxiliares
ir: voy, vas, va, vamos, van	fui, fuiste, fue, fuimos, fueron	he, has, ha, hemos, han ido
ver: veo, ves, ve, vemos, ven	vi, viste, vio, vimos, vieron	he, has, ha, hemos, han visto
hacer: hago, haces, hace, hacemos, hacen	hice, hiciste, hizo, hicimos, hicieron	he, has, ha, hemos, han hecho
decir: digo, dices, dice, decimos, dicen	dije, dijiste, dijo, dijimos, dijeron	he, has, ha, hemos, han dicho
poner: pongo, pones, pone, ponemos, ponen	puse, pusiste, puso, pusimos, pusieron	he, has, ha, hemos, han puesto
ser: soy, eres, es, somos, son	fui, fuiste, fue, fuimos, fueron	he, has, ha, hemos, han sido

 **Trabaja con un compañero. Lee las oraciones en voz alta. Elige el verbo correcto para cada oración.**

1 Los osos (van, fueron) al río y atraparon peces.

2 Hermano Menor (ve, vio) unas bayas deliciosas y las comió.

3 Hermano Menor ha (vio, visto) una roca grande y plana.

4 Mamá Osa (hizo, hecho) todo lo posible para hallar a sus oseznos.

5 Los dos hermanos han (fueron, sido) muy traviesos.

Cuando escribes, es importante que uses verbos precisos.
Tus lectores comprenderán mejor tu escritura. Los verbos
precisos también harán que tu escritura sea más interesante.

Verbo menos preciso	Verbo preciso
Los ratones corrieron cuando vieron al perro gigante.	Los ratones se escaparon cuando vieron al perro gigante. Los ratones desaparecieron cuando vieron al perro gigante. Los ratones se escondieron cuando vieron al perro gigante.

 ## Relacionar la gramática con la escritura

**Mientras revisas tu ensayo persuasivo la semana próxima,
busca lugares donde puedas usar verbos precisos.**

ESTÁNDARES COMUNES **W.3.1a** introduce the topic, state an opinion, and create an organizational structure; **W.3.1b** provide reasons that support the opinion; **W.3.1d** provide a concluding statement or section; **W.3.4** produce writing in which development and organization are appropriate to task and purpose; **W.3.5** develop and strengthen writing by planning, revising, and editing

Escritura de opinión

Taller de lectoescritura: Preparación para la escritura

☑ **Ideas** Cuando escribes un **ensayo persuasivo,** imagina que tus lectores te preguntan: "¿Por qué debería hacer lo que tú quieres?". Para explorar ideas, piensa en al menos tres razones por las que tus lectores deberían aceptar tu opinión. Luego, haz una lista de tus razones en un orden que tenga sentido.

Daniel quiso persuadir a los niños para que se hicieran socios de un club. Enumeró las razones. Luego, organizó sus ideas en una lista comenzando con la razón más convincente y añadiendo detalles.

Lista de control del proceso de escritura

▶ **Preparación para la escritura**

☑ ¿Pensé en mi audiencia (los lectores)?

☑ ¿Decidí cuál es mi opinión sobre el tema?

☑ ¿Di razones que persuadirán a mi audiencia?

☑ ¿Ordené mis razones?

Hacer un borrador

Revisar

Corregir

Publicar y compartir

Explorar el tema

¿Por qué deberías hacerte socio del Club de los Pingüinos?

• Es divertido e interesante.

• Conoces a nuevas personas.

• ~~Algunos niños han renunciado.~~

• Los pingüinos necesitan ayuda.

Versión final

Esquema de preparación para la escritura

Mi opinión: Los niños deberían hacerse socios del Club de los Pingüinos.

Razón: ¡Es divertido e interesante!

Detalles: aprender datos geniales

ir al Museo de Ciencias

ver pingüinos vivos en el Acuario

Razón: Los pingüinos necesitan ayuda.

Detalles: pocos lugares donde vivir

los perros cazan pingüinos

derrames de petróleo

Razón: Conocerás a nuevas personas.

Detalles: niños amables, aman a los animales

conocer a nuestro líder, el maestro Spears

Leer como escritor

¿Qué detalles te persuadirían para hacerte socio del club de Daniel? ¿Qué detalles puedes agregar a tu propio esquema para persuadir a tus lectores?

Elegí mis mejores razones y las ordené. Luego, agregué detalles.

La vida en el hielo

El cuervo: Un mito esquimal

✓ VOCABULARIO CLAVE

refugio

colonia

constante

inhóspito

clima

región

inesperado

desplazarse

sobrecalentar

capa

Librito de vocabulario	Tarjetas de contexto

ESTÁNDARES COMUNES

L.3.6 acquire and use conversational, general academic, and domain-specific words and phrases

Vocabulario en contexto

1 refugio

Los exploradores tienen que tener un refugio contra el frío para retener el calor.

2 colonia

Algunas personas viajan para estudiar una colonia, o un gran grupo, de pingüinos.

3 constante

La lluvia constante deja los senderos resbaladizos y difíciles de usar.

4 inhóspito

Los exploradores suelen viajar por zonas inhóspitas, o despobladas.

Aprende en línea

▶ Estudia cada Tarjeta de contexto.

▶ Ordena las palabras del Vocabulario en orden alfabético.

5 **clima**

Los navegantes deben evitar el hielo cuando exploran regiones con un clima muy frío.

6 **región**

Esta selva espesa está en una región lluviosa y caliente, en una zona tropical.

7 **inesperado**

La vista desde la cima sorprendió a estos andinistas. Era inesperada.

8 **desplazarse**

Desplazarse por el aire es una manera emocionante de explorar.

9 **sobrecalentar**

Un buen explorador, al sobrecalentarse el ambiente, busca sombra y agua.

10 **capa**

La capa de hielo sobre el agua debe ser gruesa antes de cruzarla con trineos.

Leer y comprender

 Aprende en línea

☑ DESTREZA CLAVE

Ideas principales y detalles Mientras lees *La vida en el hielo,* busca las **ideas principales,** o los puntos más importantes que marca la autora. Busca los **detalles de apoyo,** incluidos datos y ejemplos, que proporcionan más información. Observa cómo esta evidencia del texto apoya las ideas principales. Usa un organizador gráfico como el siguiente como ayuda.

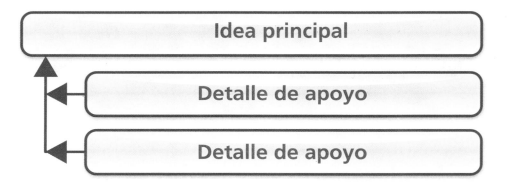

Idea principal

Detalle de apoyo

Detalle de apoyo

☑ ESTRATEGIA CLAVE

Inferir/Predecir Mientras lees *La vida en el hielo,* piensa en lo que la autora te está diciendo y **predice** qué información aprenderás. Haz tus predicciones basándote en la evidencia del texto.

UN VISTAZO AL TEMA PRINCIPAL

El clima

El clima es el tiempo a largo plazo en una determinada región de la Tierra. El clima de Florida, por ejemplo, es caluroso en el verano y templado durante la mayor parte del invierno. También llueve en todas las estaciones del año.

El clima de un lugar afecta la manera de vivir de las personas. En Florida, las personas pueden salir al aire libre la mayoría de los días. Pueden usar ropa liviana durante gran parte del año. ¿Qué sucede cuando en un lugar hace 30 grados Fahrenheit bajo cero o más frío con mucha frecuencia y un día cálido tiene una temperatura apenas sobre cero? ¿Cómo se adaptan las personas a ese tipo de clima? ¿Cómo pueden sobrevivir en él?

Abrígate y lee *La vida en el hielo* para conocer las respuestas a estas preguntas.

TEXTO PRINCIPAL

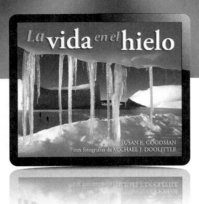

La vida *en el* hielo

SUSAN E. GOODMAN
con fotografías de MICHAEL J. DOOLITTLE

☑ DESTREZA CLAVE

Ideas principales y detalles
Relata las ideas y los detalles importantes de un tema.

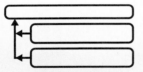

☑ GÉNERO

Un **texto informativo** te brinda hechos e información sobre un tema. Mientras lees, busca:
- ▶ fotografías, pies de foto y
- ▶ detalles importantes que apoyen las grandes ideas sobre un tema.

CONOCE A LA AUTORA

SUSAN E. GOODMAN

La vida de Susan Goodman como escritora la ha llevado a algunas aventuras emocionantes: ha nadado con delfines en Florida; ha entablado amistad con los animales del bosque tropical amazónico; se ha montado en montañas rusas en Pennsylvania y ha pasado una noche en un hotel submarino.

CONOCE AL FOTÓGRAFO

MICHAEL J. DOOLITTLE

Para tomar las fotografías de *La vida en el hielo*, Michael Doolittle viajó al Círculo Polar Ártico. Tuvo que mantener la cámara dentro de su abrigo pesado para evitar que se congelara. Doolittle ha colaborado con Susan Goodman en muchos libros, incluida toda la serie *Ultimate Field Trip* (La excursión definitiva).

ESTÁNDARES COMUNES **RI.3.2** determine the main idea/recount details and explain how they support the main idea; **RI.3.10** read and comprehend informational texts; **L.3.5a** distinguish the literal and nonliteral meanings of words and phrases in context

Aprende en línea

La VIDA en el HIELO

por SUSAN E. GOODMAN
con fotografías de MICHAEL J. DOOLITTLE

Los extremos superior e inferior de nuestro planeta están cubiertos de hielo. En el extremo superior, en el Ártico, se encuentra el Polo Norte. Puede llegar a hacer tanto frío que si se arrojara al aire una taza de agua caliente, explotaría formando una nube de partículas de hielo.

El Polo Norte se encuentra en medio del océano Ártico. Usualmente está cubierto de hielo.

El Polo Sur se encuentra en la parte inferior de nuestro planeta, en el continente de la Antártida. En esa región hace aun más frío que en el Ártico, con temperaturas que a veces alcanzan los 125 °F bajo cero (87.2 °C bajo cero). En el invierno, parte de los océanos que rodean la Antártida se congelan, y se duplica su tamaño. La Antártida es el sitio más frío, seco y ventoso de la Tierra. Es un lugar tan aislado que ningún ser humano había visto este continente hasta hace doscientos años.

ANALIZAR EL TEXTO

Ideas principales y detalles ¿Qué detalles de esta página apoyan la idea principal de que la Antártida es un lugar extremadamente frío?

El hielo que cubre la Antártida contiene aproximadamente el 70 por ciento del agua dulce del planeta.

Resulta difícil imaginar lugares tan fríos y tan extremos como este: el Sol se oculta en otoño y no vuelve a salir en todo el invierno; meses después, durante todo el verano, brilla las veinticuatro horas del día.

A pesar de estar cubiertas de hielo, estas regiones son desiertos tan secos como el Sahara. La escasa nieve que cae casi nunca se derrite. Con el tiempo, la nieve se convierte en hielo, llegando a alcanzar en algunos lugares unas tres millas (5 km) de espesor.

Los icebergs pueden ser tan pequeños como un piano o tan grandes como un país pequeño.

Este hielo se desplaza lentamente, moviéndose poco a poco desde el centro del Ártico y de la Antártida hasta sus costas. Cuando se desprenden los trozos y llegan al océano transformados en icebergs, el hielo ya tiene 100,000 años de antigüedad.

La gente vuela miles de millas para llegar a los polos. Y cuando el viento comienza a soplar con fuerza y levanta la nieve, resulta difícil distinguir dónde termina el cielo y dónde comienza la tierra. Por eso, los pilotos dicen que volar en esos lugares es como hacerlo dentro de una pelota de ping-pong.

En los polos no funcionan muchos de los instrumentos que se usan para guiar los aviones. De hecho, los navegantes que vuelan a los polos son los únicos de la Fuerza Aérea de Estados Unidos que todavía trazan sus planes de vuelo con la ayuda de las estrellas. Esos vuelos son de los más difíciles que hay.

ANALIZAR EL TEXTO

Significados literales y no literales ¿Qué significa cuando los pilotos dicen que volar en los polos es como hacerlo dentro de una pelota de ping-pong?

En estos mundos invernales, los aviones no aterrizan rodando sobre pistas de aterrizaje de concreto, sino que utilizan esquís, y se deslizan como gigantescos trineos hasta detenerse. Al desplazarse sobre el hielo, los esquís se calientan tanto que derriten la nieve por la que pasan. Luego, cuando el avión se detiene, los pilotos tienen que izarlos porque, de lo contrario, la nieve húmeda se volvería a congelar sobre los esquís y los aviones quedarían pegados al suelo.

Cuando los pilotos aterrizan en el Polo Sur mantienen los motores encendidos. Debido al intenso frío, corren el riesgo de que no se vuelvan a encender.

Parece una historia de aventuras, ¿verdad? Pues lo es, una historia de aventuras... con ciencia. Los científicos son los exploradores de la actualidad, que se aventuran en tierras inhóspitas para aprender más sobre nuestro mundo.

Por ejemplo, la nieve que rodea el Polo Norte no se ha derretido desde la última era glacial. La nieve que ha caído durante más de 100,000 años ha quedado comprimida en una capa de hielo de casi 2 millas (3.2 km) de espesor. Sin embargo, cada capa se ve separada, como los anillos de un árbol.

Algunos científicos utilizan esta nieve para medir la contaminación del aire. Otros excavan en el hielo para descubrir hechos históricos. Cada muestra de hielo que extraen les cuenta una historia sobre el momento en que se formó. Por ejemplo, los científicos han encontrado cenizas volcánicas que vinieron del monte Vesubio en Italia y rastros de contaminación de la época de la antigua Roma.

Los científicos comenzaron este experimento para aprender más sobre cómo comienzan y cómo terminan las eras glaciales. Antes pensaban que eran necesarios miles de años para que cambiara nuestro clima pero, en la actualidad, saben que eso puede suceder con una rapidez muchísimo mayor.

Nieve de la cumbre 01
1671

En el Polo Sur, algunos científicos buscan meteoritos, que son rocas que llegan desde el espacio exterior. Aunque no caen allí más que en otros lugares de la Tierra, un científico explica que cuando se busca algo oscuro es más fácil hacerlo sobre una gran manta blanca. Su equipo ha entregado miles de meteoritos a nuestra agencia espacial, la Administración Nacional Aeronáutica y Espacial (NASA), para estudiarlos.

El cielo antártico es una ventana perfecta para ver las estrellas, la mejor del planeta. Es muy claro debido al clima tan frío y seco, y tiene una noche que dura seis meses. Algunos científicos usan telescopios para estudiar la edad del universo, y otros ponen en vuelo globos para medir los rayos que llegan desde el espacio exterior.

En los polos, las personas se visten con muchas capas de ropa para mantener adentro el calor y afuera el viento. Usan botas grandes y trajes llamados "pantalones de muchachos gordos". Los guantes son peludos en la parte exterior para limpiarse la nariz y calentarse las orejas.

También usan anteojos protectores porque, si no lo hicieran, la fuerte luz que se refleja en la nieve podría quemarles los ojos y dejarlos ciegos por un tiempo.

En estos fríos extremos, no se pueden usar anillos, aretes o anteojos con marcos de metal, pues el metal se enfría tanto que, al entrar en contacto con la piel, la congela.

El cuerpo es como una caldera que necesita combustible para seguir funcionando. Trabaja tanto para mantenerse caliente en los polos que las personas acaban comiendo al menos el doble de alimentos de lo usual.

Quienes trabajan en los polos tienen que aprender a sobrevivir en caso de quedarse a la intemperie sin poder entrar. Si se ven obligados a "acampar" de forma inesperada, primero improvisan un refugio rápido para protegerse del viento. Luego construyen otro mejor, y las personas se pegan entre sí, usando el calor corporal para mantenerse calientes.

Construir los refugios (y cualquier tarea) es mucho más difícil en el frío extremo. Los guantes son muy voluminosos, pero no es prudente quedarse con las manos descubiertas durante mucho tiempo. Pasar mucho frío es peligroso, pero también lo es sobrecalentarse: el sudor se puede congelar y formar una capa de hielo sobre la piel.

Durante el verano, muchas personas viven en las estaciones científicas del Ártico y de la Antártida. Hay un gimnasio y videos, y pasan el tiempo libre esquiando sobre las pistas heladas. Pero sobre todo trabajan muy arduamente para adelantar todo el trabajo posible mientras haga suficiente calor como para que los aviones puedan despegar y aterrizar.

Algunos se quedan todo el invierno. Los científicos dicen que la constante luz solar del verano engaña al cuerpo, y hace que este quiera seguir trabajando sin haber descansado. Por el contrario, en la interminable oscuridad del invierno las personas se sienten cansadas la mayor parte del tiempo. Un científico incluso estudia el comportamiento de las personas que pasan todo el invierno en el Polo Sur: quiere saber qué tipo de persona trabaja bien en un grupo tan pequeño y aislado. Algún día sus hallazgos podrían contribuir a escoger a las personas que vivirán en una colonia en Marte.

A diferencia de la mayoría de los refrigeradores, en el Polo Sur, el que contiene las frutas y los vegetales recibe calefacción.

En la primavera de la Antártida, la temperatura finalmente
se eleva hasta llegar a los 10 °F (10 °C bajo cero), y hace
suficiente calor como para que lleguen de nuevo los aviones. Los
científicos están ansiosos por abordar el avión y regresar a los
colores y aromas del "mundo verde". Una vez que se ajustan el
cinturón, solo queda por resolver un último problema glacial: el
avión tiene que ir a 100 millas (160 km) por hora para despegar,
que no es tarea sencilla cuando se desliza sobre el hielo. A veces
los pilotos tienen que rodar unas 2 millas (3 km) para alcanzar
esa velocidad. Y a veces necesitan ayuda adicional: entonces
recurren a los ocho cohetes que están adheridos al avión.

Un giro del contacto, una explosión de llamas y de velocidad, y están rumbo a casa.

Ahora analiza

Cómo analizar el texto

Usa estas páginas para aprender acerca de **Ideas principales y detalles, y Significados literales y no literales.** Luego, vuelve a leer *La vida en el hielo* para aplicar lo que has aprendido.

Ideas principales y detalles

La vida en el hielo brinda información sobre lo que hacen los científicos y los desafíos que enfrentan en la Antártida. La idea más importante sobre el tema se llama **idea principal.** Cada párrafo o grupo de párrafos también está organizado alrededor de una idea principal. Los **detalles de apoyo** son hechos y ejemplos que la autora usa para dar más información sobre cada idea principal.

Vuelve a leer las páginas 174 y 175 de *La vida en el hielo*. En el primer párrafo de la página 174, leerás la idea principal de esta sección. Mientras lees, hallarás detalles de apoyo que explican por qué viajar en avión a los polos es tan difícil.

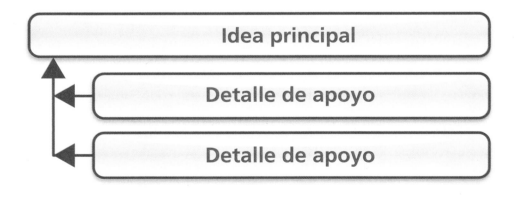

Idea principal

Detalle de apoyo

Detalle de apoyo

 ESTÁNDARES COMUNES **RI.3.2** determine the main idea/recount details and explain how they support the main idea; **L.3.5a** distinguish the literal and nonliteral meanings of words and phrases in context

Aprende en línea

Significados literales y no literales

Las palabras y las frases tienen significados exactos, también llamados **significados literales.** Por ejemplo, el significado literal de *manta* es "una tela grande que se usa para cubrir una cama".

Las palabras y las frases también pueden tener **significados no literales.** Los científicos buscan meteoritos en el Polo Sur porque "cuando se busca algo oscuro es más fácil hacerlo sobre una gran manta blanca". Aquí, la frase *una gran manta blanca* tiene un significado no literal. La autora intenta decir que la nieve cubre el suelo de la misma manera que una manta cubre una cama. El **contexto,** o las oraciones que rodean la frase, muestra que *manta* se usa aquí de una manera no literal o figurada.

Es tu turno

 mi
Escritura genial

REPASAR LA PREGUNTA ESENCIAL

Turnarse y comentar Repasa la selección con un compañero y prepárate para comentar esta pregunta: *¿Cómo son los lugares más fríos de la Tierra?* Mientras comentas la pregunta, busca evidencia del texto para apoyar tus ideas.

 Comentar en la clase

Para continuar comentando *La vida en el hielo*, explica tus respuestas a estas preguntas:

1 ¿Qué clima es más desafiante para los seres humanos: el del Polo Norte o el del Polo Sur?

2 ¿Crees que podrías trabajar en alguno de los dos polos? Usa evidencia del texto para explicar por qué.

3 ¿Por qué el trabajo en la Antártida sería una buena preparación para un astronauta que planea viajar a Marte?

ESCRIBE SOBRE LO QUE LEÍSTE

Respuesta La selección comenta muchos de los trabajos que hacen los científicos. ¿Cuál es el trabajo que te parece más interesante? Escribe un párrafo sobre el trabajo que elegirías y explica tu elección. Usa las ideas principales y la evidencia del texto para apoyar tu opinión y tus razones.

Sugerencia para la escritura

Plantea tu opinión al principio de tu párrafo. Usa palabras de transición como *porque* y *entonces* para conectar tus razones con tu opinión.

Aprende en línea

MITO

El cuervo:
Un mito esquimal

El cuervo:
Un mito esquimal

Versión de Peter Case

 **GÉNERO**

Un **mito,** como el que aparece en este Teatro del lector, es un relato que cuenta lo que un grupo de personas cree sobre el mundo.

 **ENFOQUE EN EL TEXTO**

El **mensaje del cuento** de un mito suele explicar por qué o cómo se originó algo en la naturaleza.

Reparto

NARRADOR	**PERSONA**
ANCIANO	**CUERVO**

NARRADOR. Hace mucho tiempo, las Personas vivían en la oscuridad. No había Sol que ayudara a que crecieran las cosas. Las Personas llamaron a Cuervo para pedirle ayuda.

PERSONA. Oh, Cuervo, ayúdanos. Nuestra vida es una lucha constante.

CUERVO. He oído hablar de un anciano que tiene dos globos de luz brillantes. Intentaré conseguir esos globos.

NARRADOR. Cuervo se desplazó sobre el desierto inhóspito. Llegó al refugio donde vivía el anciano con su hija. Ahí Cuervo se transformó en un niño humano.

RL.3.2 recount stories and determine the message, lesson, or moral; **RL.3.10** read and comprehend literature

ESTÁNDARES COMUNES

Aprende en línea

ANCIANO. ¡Tengo un nieto! ¡Qué maravilla!

NARRADOR. Cuervo habló con la voz de un niño pequeño:

CUERVO. Por favor, ¿puedo jugar con los globos de luz?

ANCIANO. Aquí, nieto, puedes jugar con ellos.

NARRADOR. Cuervo pensó en un truco para robar los globos. Simuló que tenía demasiado calor dentro del refugio.

CUERVO. ¡Hace tanto calor aquí! Quiero llevar los globos afuera.

ANCIANO. Sí, nieto. Puedes jugar afuera con los globos.

NARRADOR. Una vez que Cuervo estaba fuera, se puso la capa de plumas y salió volando con los globos.

NARRADOR. Cuando regresó a la colonia de las Personas, Cuervo lanzó los globos al cielo. Uno se convirtió en el Sol y el otro se convirtió en la Luna. Las Personas estaban encantadas.

PERSONA. Ahora el clima será bueno para cultivar alimentos en esta región del mundo. Gracias, Cuervo, por el regalo del Sol y por el regalo inesperado de la Luna.

Comparar el texto

Comentar el Sol Piensa en por qué el Sol es tan importante para los científicos de *La vida en el hielo* y para las personas de *El cuervo*. Trabaja con un grupo pequeño y usa evidencia del texto para comentar y explicar tus ideas. Escúchense atentamente unos a otros y háganse preguntas si tienen dudas sobre algo.

Escribir un cuento Imagina que eres un científico en la Antártida. Escribe un cuento corto que relate tus aventuras allí. Incluye detalles sobre los personajes y el entorno, y un final que resuelva un problema del cuento.

Comparar fotografías Estudia las fotos de *La vida en el hielo*. Piensa en lo que sabes sobre el terreno y el clima de tu propio estado. Compara y contrasta el terreno y el clima de los polos con los de tu estado. Usa detalles de las ilustraciones y del texto para apoyar tus ideas.

Aprende en línea

ESTÁNDARES COMUNES **RI.3.7** use information gained from illustrations and words to demonstrate understanding; **SL.3.1a** come to discussions prepared/explicitly draw on preparation and other information about the topic; **SL.3.1c** ask questions to check understanding, stay on topic, and link comments to others' remarks; **SL.3.1d** explain own ideas and understanding in light of the discussion

Gramática

¿Qué es un adverbio? Un **adverbio** es una palabra que describe a un verbo. Los adverbios pueden indicar *cómo, cuándo* o *dónde* sucede una acción. Los adverbios pueden ubicarse antes o después del verbo que describen.

Hoy Kim halló un meteorito. (indica *cuándo*)

Lo guardó cuidadosamente en una caja. (indica *cómo*)

Sus compañeros llegaron allí. (indica *dónde*)

Hablaban animadamente sobre el meteorito. (indica *cómo*)

 **Trabaja con un compañero. Lee las oraciones en voz alta. Halla el adverbio en cada oración.**

1 Alex corrió rápido.

2 Llegó al campamento temprano.

3 Buscó ansiosamente al Dr. Keller.

4 El Dr. Keller no estaba lejos.

5 Estaba esquiando alegremente en el camino.

Las oraciones breves y cortadas pueden combinarse para que tu escritura sea más fluida. Puedes combinar dos oraciones cambiando de lugar un adverbio. Muchas veces puedes elegir dónde colocar el adverbio en la oración nueva.

Dos oraciones

Me regalaron una bufanda nueva.

Me la regalaron ayer.

Oración combinada

Me regalaron una bufanda nueva ayer.

Ayer me regalaron una bufanda nueva.

Dos oraciones:	Me ato la bufanda alrededor del cuello.
	Me ato bien la bufanda.
Oración combinada:	Me ato bien la bufanda alrededor del cuello.

 ## Relacionar la gramática con la escritura

Mientras revisas tu ensayo persuasivo, piensa en combinar oraciones cambiando de lugar un adverbio.

W.3.1a introduce the topic, state an opinion, and create an organizational structure; **W.3.1b** provide reasons that support the opinion; **W.3.1c** use linking words and phrases to connect opinion and reasons; **W.3.1d** provide a concluding statement or section; **W.3.5** develop and strengthen writing by planning, revising, and editing

Escritura de opinión

Taller de lectoescritura: Revisar

mi
Escritura genial

Aprende
en línea

☑ **Ideas** Un **ensayo persuasivo** explica las razones de la opinión del escritor en detalle. Para que los lectores comprendan más fácilmente, cada razón está expresada en su propio párrafo, que comienza con palabras de transición, como *Otra razón*.

Daniel hizo un borrador de su ensayo acerca de hacerse socio de un club. Más tarde separó las razones en párrafos y les agregó palabras de transición.

Lista de control del proceso de escritura

Preparación para la escritura

Hacer un borrador

▶ **Revisar**

☑ **¿Comencé expresando mi opinión?**

☑ **¿Di razones convincentes?**

☑ **¿Apoyé mis razones con detalles y ejemplos?**

☑ **¿Mis párrafos nuevos tienen palabras de transición?**

☑ **¿Resumí mis razones en una oración de conclusión?**

Corregir

Publicar y compartir

Borrador revisado

¿Te gustan los pingüinos? Si respondes que sí, ¡hazte socio del Club Pingüino!

La principal razón para hacerse socio es que

¶ ¡Es divertido e interesante! Vamos al Museo de Ciencias para ver la exhibición de pingüinos, observamos pingüinos vivos en el Acuario y preparamos proyectos.

Aprenderás muchos datos geniales sobre los pingüinos. Por ejemplo, ¿sabías que los pingüinos se deslizan sobre su estómago?

¶ Otra razón importante para hacerse socio del club es que los pingüinos necesitan tu ayuda.

¡El Club Pingüino está de moda!

por Daniel Boyd

¿Te gustan los pingüinos? Si respondes que sí, ¡hazte socio del Club Pingüino!

La principal razón para hacerse socio es que es divertido e interesante. Vamos al Museo de Ciencias para ver la exhibición de pingüinos, observamos pingüinos vivos en el Acuario y preparamos proyectos. Aprenderás muchos datos geniales sobre los pingüinos. Por ejemplo, ¿sabías que los pingüinos se deslizan sobre su estómago?

Otra razón importante para hacerse socio del club es que los pingüinos necesitan tu ayuda. En algunas partes del mundo, los pingüinos tienen pocos espacios seguros y saludables para vivir debido a los cambios ocasionados por las personas.

Estas son las principales razones por las cuales me hice socio del Club Pingüino. Creo que la mayoría de los niños disfrutarán del club. Puedes hacer nuevos amigos mientras haces cosas para ayudar a los pingüinos.

Leer como escritor

¿Por qué Daniel dividió su ensayo en párrafos? ¿En qué lugar de tu ensayo podrías dividir en párrafos lo que escribiste?

Comencé un párrafo nuevo para cada razón. También tuve cuidado de escribir correctamente las palabras de transición.

Lee los cuentos "Coyote y Águila roban el Sol y la Luna" y
"Por qué el Sol y la Luna viven en el cielo". Mientras lees,
detente y responde cada pregunta usando evidencia
del texto.

Coyote y Águila roban el Sol y la Luna: Un cuento popular zuni

*Los zunis son indios americanos de Nuevo México y Arizona.
Los animales y la naturaleza son una parte importante de los
relatos zunis.*

Hace mucho tiempo, la tierra siempre estaba oscura y todo el
tiempo era verano. Un día, Águila y Coyote tenían hambre, así
que salieron a cazar para comer. Pero cazar en la oscuridad
era difícil.

Después de un tiempo, Águila y Coyote llegaron hasta el
hogar de los kachinas. Los kachinas eran personas poderosas.
Tenían una caja brillante donde guardaban al Sol y a la Luna.
Si Águila y Coyote tuvieran la luz resplandeciente del Sol y la
Luna, no tendrían que cazar en la oscuridad. Decidieron que
debían tener esa caja.

Los dos cazadores esperaron hasta que los kachinas se
quedaran dormidos. Entonces, se apoderaron de la caja brillante
y se alejaron sigilosamente. Águila fue la primera en cargar la
caja, pero después de un tiempo, Coyote se ofreció a cargarla.
Águila le dio la caja a su amigo y continuaron su camino.

 ¿Qué significa *se apoderaron*? Explica cómo puedes
descubrir el significado por la manera en que se usan esas
palabras en el cuento.

ESTÁNDARES
COMUNES

RL.3.1 ask and answer questions to demonstrate understanding, referring to the text; **RL.3.2** recount stories and determine the
message, lesson, or moral; **RL.3.4** determine the meaning of words and phrases, distinguishing literal from nonliteral language;
RL.3.6 distinguish own point of view from the narrator or characters' point of view

Sin embargo, Coyote era curioso. Estaba tan impaciente por ver qué había dentro de la caja que entonces no pudo resistir el abrir la tapa apenas un poco.

¡El Sol escapó volando! ¡Y la Luna, también! Rápidamente, se alejaron volando hacia el cielo mientras Coyote y Águila observaban asombrados.

Desde entonces, el Sol y la Luna quedaron en el cielo para siempre, y dieron luz y calor a la Tierra que estaba debajo. Pero, como volaron tan lejos, la Tierra recibe mucho menos calor que antes. Esta es la razón por la que existe una estación llamada "invierno" durante una parte del año.

 ¿Qué explica este cuento popular sobre la naturaleza? Usa detalles del cuento para apoyar tu respuesta.

Por qué el Sol y la Luna viven en el cielo: Un cuento popular nigeriano

Este cuento llega de Nigeria, un país del oeste de África. Como muchos cuentos populares, cuenta cómo sucedió algo de la naturaleza.

Hace mucho, mucho tiempo, Sol y Luna vivían en la Tierra. A menudo visitaban a su buena amiga Agua, pero Agua nunca iba a visitarlos. Agua decía que era porque la casa de ellos era muy pequeña.

—Necesitarán una casa más grande —les dijo Agua—, porque mi familia es muy numerosa y ocupan mucho espacio.

Entonces, Sol y Luna construyeron una casa enorme e invitaron a Agua a visitarla. Cuando Agua llegó, alguien de su familia les preguntó:

—¿Les parece que será seguro que entre Agua?

Sol y Luna respondieron que su amiga era muy bienvenida y que estaban seguros de que no habría problema.

Entonces, el agua comenzó a entrar, con todos los peces y las tortugas y otras clases de criaturas acuáticas. Muy pronto el agua dentro de la casa había subido hasta las rodillas de una persona. Agua preguntó:

—¿Están seguros de que quieren que entremos todos?

Sol y Luna dijeron cortésmente que sí.

Cada vez más agua entró en la casa y, con ella, más y más criaturas. Ahora el agua llegaba hasta la cabeza de una persona. Agua preguntó si les parecía que era seguro que entraran más de sus familiares. Sol y Luna dijeron cortésmente que sí.

 3 ¿Estás de acuerdo o en desacuerdo con Sol y Luna acerca de que es seguro que entren más familiares de Agua? Usa detalles del cuento para explicar tu respuesta.

En poco tiempo, el agua fue tan profunda que Sol y Luna tuvieron que sentarse en el techo de su casa. Agua preguntó de nuevo si les parecía bien que siguieran entrando más familiares. Sol y Luna dijeron cortésmente que sí.

En poco tiempo, el agua llegó hasta el techo y seguía subiendo. Ahora, Sol y Luna no tenían adónde ir excepto al cielo. Entonces volaron hacia el cielo, y allí se quedaron para siempre.

 4 ¿En qué se parecen y en qué se diferencian los dos cuentos que leíste?

unidad 5

Sara,
sencilla y alta

CARRETAS del Viejo Oeste

pradera

resbaladizo

recoger

traqueteo

olfatear

áspero

estampar

garra

zumbar

crujir

Librito de vocabulario	Tarjetas de contexto

La vida en la pradera

L.3.6 acquire and use conversational, general academic, and domain-specific words and phrases

Vocabulario en contexto

1 pradera

Hay pocos árboles en el terreno plano u ondulado de una pradera.

2 resbaladizo

¡Camina con cuidado! El hielo está resbaladizo y podrías caerte con facilidad.

3 recoger

Recogió el agua en cubetas para que bebieran los animales.

4 traqueteo

Los niños se taparon los oídos cuando oyeron el traqueteo de los caballos y el carruaje.

Aprende en línea

▶ Estudia cada Tarjeta de contexto.

▶ Escribe una oración de contexto nueva que incluya dos palabras del Vocabulario.

5 olfatear

El zorrino se detuvo a olfatear, u oler, la flor. Tenía un aroma agradable.

6 áspero

¡Ay! La corteza del árbol viejo es áspera al tacto.

7 estampar

Los niños estampaban los pies en el suelo cuando aprendían los pasos de baile.

8 garra

El cachorro se divertía golpeando el calcetín con su pequeña garra.

9 zumbar

La abeja zumbó alrededor de una flor silvestre y luego se posó en ella.

10 crujir

Las hojas secas crujen cuando caminas sobre ellas.

Sara, sencilla y alta

Leer y comprender

☑ DESTREZA CLAVE

Estructura del cuento Mientras lees *Sara, sencilla y alta,* busca detalles sobre los personajes, el entorno y la trama. Anota la evidencia del texto que te ayude a describir cómo las **acciones** de un personaje pueden determinar **sucesos** del cuento.

Entorno	Personajes
Trama	

☑ ESTRATEGIA CLAVE

Verificar/Aclarar Mientras lees el cuento, **verifica,** o reflexiona, si comprendes lo que estás leyendo. Si hay algo que no comprendes, busca una manera de **aclararlo,** o de hacerlo más fácil de comprender.

La vida de los pioneros

Los pioneros eran personas valientes e independientes que abandonaban sus hogares en las ciudades, los pueblos y las granjas del Este para mudarse al Oeste. Las tierras del Oeste eran en su mayor parte desconocidas. No había caminos que guiaran a los nuevos pobladores ni ciudades que les dieran la bienvenida.

Los pioneros enfrentaban muchos peligros al mudarse al Oeste. Una vez que hallaban un lugar para establecerse, tenían que sustentarse. Vivían lejos de los pueblos y de otros pobladores. Su coraje es una cualidad que los estadounidenses celebran aún hoy. En *Sara, sencilla y alta,* leerás sobre los cambios que atraviesa una de estas familias pioneras.

TEXTO PRINCIPAL

Sara,
sencilla y alta

✅ DESTREZA CLAVE

Estructura del cuento

Identifica los personajes, el entorno y la trama del cuento. Piensa en cómo las acciones de los personajes determinan los sucesos del cuento.

✅ GÉNERO

Una **ficción histórica** es un cuento situado en el pasado. Mientras lees, busca:

▶ un entorno que sea un lugar y un tiempo que realmente existieron en el pasado,

▶ personajes y sucesos realistas y

▶ detalles que muestren que el cuento sucede en el pasado.

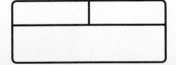

RL.3.3 describe characters and explain how their actions contribute to the sequence of events; **RL.3.10** read and comprehend literature

---

CONOCE A LA AUTORA

Patricia MacLachlan

Cuando era niña, a Patricia MacLachlan le encantaba leer. Nunca imaginó que un día se convertiría en escritora. El cuento *Sara, sencilla y alta* **está basado en la vida de una persona real. La mamá de Patricia conoció a la Sara real, que se había casado con un miembro de su familia. De hecho, a medida que el libro crecía y cambiaba, MacLachlan fue agregando detalles de su propia vida. También hay partes del cuento que están basadas en la vida de los padres, el esposo y los hijos de Patricia MacLachlan.**

MacLachlan dice que a menudo los niños le preguntan por qué escribe. Ella escribe por la misma razón por la que las personas leen: para descubrir lo que sucede y para descubrir más sobre sí misma.

Aprende en línea

Sara, sencilla y alta

por Patricia MacLachlan

ilustrado por Alexandra Wallner

PREGUNTA ESENCIAL

¿Cómo era la vida de los pioneros en las praderas?

Anna Witting vive en una granja en las praderas con su padre y su hermano menor, Caleb. A Caleb le gusta que hablen de su mamá, que murió al poco tiempo de que naciera Caleb y que amaba cantar. Una noche, papá les dice a los niños que puso un aviso en un periódico para buscar esposa. La nueva esposa del vecino, Maggie, había llegado en respuesta a un aviso. Papá lee la carta que ha recibido de Sara, que vive con su hermano junto al mar en Maine.

Papá, Anna y Caleb escriben cartas a Sara. Se enteran de que ella tiene un gato llamado Foca y que canta. Ahora Sara los visitará durante un mes, "para ver cómo es todo".

Sara llegó en la primavera. Llegó atravesando los campos de verdes pastos, florecidos de castillejas rojas y anaranjadas, y espadillas azules.

Papá se levantó temprano para emprender el largo viaje de ida y vuelta hasta el tren. Se cepilló el cabello, que quedó tan lacio y resbaladizo que hizo reír a Caleb. Se puso una camisa celeste limpia y cinturón en lugar de tiradores.

Les dio agua y comida a los caballos, hablándoles mientras los enganchaba a la carreta. La vieja Bess, tranquila y dulce, y Jack, de ojos desorbitados, estirado para mordisquear a Bess en el cuello.

—Buen día, Bess, —dijo papá, frotando su hocico.

—Tranquilo, Jack. —Y apoyó su cabeza sobre Jack.

Y luego papá condujo por el camino polvoriento para recoger a Sara. La nueva esposa de papá. Tal vez. Tal vez nuestra nueva madre.

Las ardillas corrían de aquí para allá atravesando el camino, deteniéndose para ponerse de pie y observar la carreta. Lejos, en el campo, una marmota comía y escuchaba.

Comía y escuchaba.

Caleb y yo hicimos nuestras tareas sin decir una palabra. Limpiamos el establo y pusimos heno nuevo. Les dimos de comer a las ovejas. Barrimos y ordenamos la casa y trajimos leña y agua. Y así terminamos con nuestras tareas.

Caleb tiró de mi camisa.

—¿Tengo la cara limpia? —preguntó—. ¿Será que está *demasiado* limpia? —dijo alarmado.

—No, tu cara está limpia pero no demasiado limpia —le dije.

Caleb deslizó su mano en la mía mientras nos quedamos parados en el porche, observando el camino. Estaba asustado.

—¿Será buena? —preguntó—. ¿Como Maggie?

—Sara será buena —le dije.

—¿Qué tan lejos está Maine? —preguntó.

—Ya sabes qué tan lejos está. Muy lejos, junto al mar.

—¿Sara traerá un poco de mar? —preguntó.

—No, no puedes traer el mar.

Las ovejas corrían en el campo y, a lo lejos, las vacas se movían lentamente hacia la laguna, como tortugas.

—¿Le gustaremos? —preguntó Caleb muy suavemente.

Yo observaba un aguilucho pálido que bajaba en círculos detrás del granero.

Caleb me miró.

—Por supuesto que le gustaremos. —Se contestó su propia pregunta—. Somos buenos —agregó, y me hizo sonreír.

Esperamos y observamos. Yo me mecía en el porche y Caleb hacía rodar una canica en el piso de madera. Hacia delante y hacia atrás. Hacia delante y hacia atrás. La canica era azul.

Primero vimos el polvo que levantaba la carreta en el camino, por encima de las cabezas de Jack y de la vieja Bess. Caleb se trepó al techo del porche y observó haciéndose sombra con la mano.

—¡Un sombrero! —gritó—. ¡Veo un sombrero amarillo!

Los perros salieron de debajo del porche, con las orejas
levantadas y la vista fija en la nube de polvo que traía a Sara. La
carreta pasó la cerca del campo, y también las vacas y las ovejas
levantaron la vista. La carreta rodeó el molino de viento, el granero
y el cortaviento hecho con el paraíso que mamá había plantado
hacía mucho tiempo. Nick comenzó a ladrar, y luego le siguió
Lottie, a medida que la carreta entraba en el patio con su traqueteo
hasta que se detuvo en los escalones.

—¡Tranquilos! —les dijo papá a los perros.

Y se quedaron tranquilos.

Sara se bajó de la carreta con un bolso de tela en la mano.
Levantó la mano, se quitó el sombrero amarillo y volvió a hacerse
un moño con su pelo marrón. Era sencilla y alta.

—¿Trajiste un poco de mar? —gritó Caleb junto a mí.

—Traje algo del mar —dijo Sara sonriendo—. Y a mí. —Se dio vuelta y levantó una caja negra de la carreta—. Y también traje a Foca.

Abrió la caja con cuidado, y Foca, de color gris y patas blancas, salió de adentro. Lottie se echó y puso la cabeza sobre las patas, mirándola fijamente. Nick se inclinó para olfatearla. Luego, se echó también.

—La gata será útil en el granero —dijo papá—. Para los ratones. Sara sonrió.

—También será útil en la casa.

Sara tomó la mano de Caleb y luego la mía. Sus manos eran grandes y ásperas. Le dio a Caleb un caracol. Decía que era "un caracol lunar". Tenía forma de rizo y olor a sal.

—Las gaviotas vuelan alto y sueltan los caracoles sobre las rocas que están abajo —le dijo a Caleb—. Cuando el caracol se rompe, se comen lo que está adentro.

—¡Qué inteligentes! —dijo Caleb.

—Para ti, Anna —dijo Sara—: una piedra marina.

Y me dio la piedra más suave y blanca que jamás había visto en mi vida.

—El mar pasa por arriba y por alrededor de la piedra una y otra vez y la hace rodar hasta que queda redonda y perfecta.

—¡Qué inteligente, también! —dijo Caleb. Levantó la mirada hacia Sara—. Nosotros no tenemos mar aquí.

Sara se dio vuelta y observó la llanura.

—No —dijo—. Aquí no hay mar. Pero la tierra se ondula un poco como el mar.

Mi padre no se dio cuenta de la mirada de Sara, pero yo sí. Y sabía que Caleb la había visto también. Sara no estaba sonriendo. Sara ya se sentía sola. En un mes, el predicador vendría a casar a Sara y papá. Y un mes era mucho tiempo. Tiempo suficiente para que cambiara de opinión y nos dejara.

Papá llevó los bolsos de Sara adentro, donde estaba lista su habitación con una colcha de retazos sobre la cama y un lino azul y seco en un florero sobre la mesita de noche.

Foca se estiró e hizo un sonidito de gato. Observé cómo rodeaba a los perros y olfateaba el aire. Caleb salió y se paró junto a mí.

—¿Cuándo cantaremos? —susurró.

Sacudí la cabeza, dando vuelta la piedra blanca una y otra vez en mi mano. Deseaba que todo fuera tan perfecto como la piedra. Deseaba que papá, Caleb y yo fuéramos perfectos para Sara. Deseaba que tuviéramos nuestro propio mar.

ANALIZAR EL TEXTO

Estructura del cuento ¿Qué acciones llevaron a la llegada de Sara a las praderas?

215

Sara les cayó bien a los perros desde el principio. Lottie dormía debajo de su cama, acurrucada en un círculo, y Nick apoyaba la cara sobre la colcha por las mañanas, esperando el primer signo de que Sara estuviera despierta. Nadie sabía dónde dormía Foca. Foca era una vagabunda.

La colección de caracoles de Sara estaba en la repisa de la ventana.

—Una valva de vieira —nos decía, levantando los caracoles uno a uno—, una almeja de mar, una ostra, una almeja navaja. Y una caracola. Si la apoyas sobre la oreja, se oye el mar. —Sara la apoyó sobre la oreja de Caleb y luego sobre la mía. Papá también la escuchó. Luego, Sara la escuchó una vez más, con una mirada tan triste y lejana que Caleb se reclinó sobre mí.

—Al menos Sara puede escuchar el mar —susurró.

Papá era callado y tímido con Sara, y también yo. Pero Caleb hablaba con Sara desde la mañana hasta que la luz desaparecía del cielo.

—¿Adónde vas? —preguntó—. ¿A hacer qué?

—A buscar flores —dijo Sara—. Colgaré algunas boca abajo y las dejaré secar, así mantendrán el color. Y tendremos flores durante todo el invierno.

—¡Yo iré también! —gritó Caleb—. Sara dijo "todo el invierno" —me dijo—, eso significa que se quedará.

Juntos recogimos flores, castillejas, tréboles y violetas de la pradera. Había capullos de rosa silvestre que trepaban la cerca del potrero.

—Las rosas florecerán a principios del verano —le dije a Sara. La observé para ver si sabía lo que yo estaba pensando. En verano sería la boda. *Tal vez*. La boda de Sara y papá.

ANALIZAR EL TEXTO

Punto de vista ¿Qué piensa Anna de Sara hasta ahora? ¿Tienes el mismo punto de vista?

217

Colgamos las flores del techo en ramos pequeños.

—Nunca he visto estas antes —dijo Sara—. ¿Cómo
se llaman?

—Sombrero de novia —le dije.

Caleb sonrió al escuchar el nombre.

—No tenemos estas junto al mar —dijo—. Tenemos vara de
oro, aster silvestre y zuzón.

—¡Zuzón! —gritó Caleb con alegría. E inventó una canción.

"Zuzón por todos lados,
zuzón por los costados,
zuzón en el tapiz,
zuzón en tu nariz".

Sara y papá rieron, y los perros levantaron la cabeza
mientras estampaban la cola contra el piso de madera una y
otra vez. Foca se sentó sobre una silla de la cocina y
nos observaba con ojos amarillos.

Cenamos el estofado de Sara a la luz del atardecer que
entraba por la ventana. Papá había horneado pan que aún
mantenía el calor del fuego.

—El estofado está muy bueno —dijo papá.

—Sirisi —asintió Sara—. El pan también.

—¿Qué significa "sirisi"? —preguntó Caleb.

—Significa sí —dijo Sara—. ¿Quieres más estofado?

—Sirisi —dijo Caleb.

—Sirisi —repitió mi padre.

Después de cenar, Sara nos contó acerca de William.

—Tiene un barco gris y blanco llamado *Kittiwake* —Miró
por la ventana—. Es el nombre de una gaviota pequeña que se
encuentra muy lejos de la costa donde pesca William. Hay tres
tías que viven cerca de nosotros. Usan vestidos de seda y no
usan zapatos. A ustedes les caerían muy bien.

—Sirisi —dijo Caleb.

—¿Tu hermano se parece a ti? —pregunté.

—Sí —dijo Sara—. Es sencillo y alto.

Al anochecer, Sara le cortó el pelo a Caleb en los escalones del frente, tomó sus rizos y los esparció por la cerca y el suelo. Foca jugaba con los rizos alrededor del porche mientras los perros observaban y se lamían las garras.

—¿Para qué? —preguntó Caleb.

—Para los pájaros —dijo Sara—. Lo usarán para sus nidos. Después, podemos buscar nidos de rizos.

—Sara dijo "después" —me susurró Caleb mientras esparcíamos el pelo—. Sara se quedará.

Sara también le cortó el pelo a papá. Nadie más lo vio, pero lo descubrí detrás del granero, echando los mechones de pelo al viento para los pájaros.

Sara me cepilló el pelo y lo sujetó por atrás con una cinta de terciopelo rosa que había traído de Maine. Cepilló su pelo, largo y suelto, y también lo sujetó por atrás. Nos paramos, una al lado de la otra, mirándonos en el espejo. Yo me veía más alta, como Sara, y bella y delgada. Y con mi pelo atado atrás me veía un poco como su hija. La hija de Sara.

Y entonces llegó el momento de cantar.

Nos sentamos en el porche y Sara nos cantó una canción que nunca antes habíamos escuchado, mientras los insectos zumbaban en la oscuridad y las hojas crujían con el paso de las vacas. La canción se llamaba "El estío ha llegado", y nos enseñó la letra a todos, incluso a papá, que la cantó como si nunca hubiera dejado de cantar.

"El estío ha llegado,
canta fuerte el cucú".

—¿Qué es el estío? —preguntó Caleb.
—El verano —dijeron al mismo tiempo papá y Sara.
Caleb y yo nos miramos. El verano se acercaba.

Sara,
sencilla y alta

Ahora analiza

Cómo analizar el texto

Usa estas páginas para aprender acerca de Estructura del cuento y Punto de vista. Luego, vuelve a leer *Sara, sencilla y alta* para aplicar lo que has aprendido.

Estructura del cuento

Los cuentos de ficción histórica como *Sara, sencilla y alta* tienen una estructura. La **estructura del cuento** está formada por los personajes, el entorno y la trama. Muchos de los sucesos de la trama ocurren como resultado de las acciones de los personajes. A su vez, estas acciones determinan lo que sucede después.

Vuelve a leer las páginas 213 y 214 de *Sara, sencilla y alta*. Cuando llega Sara, trae regalos del mar de Maine. ¿Cómo influye esta acción en los otros personajes? Busca evidencia del texto que te ayude a describir cómo este suceso influye en los sucesos que siguen después.

Entorno	Personajes
Trama	

RL.3.1 ask and answer questions to demonstrate understanding, referring to the text; **RL.3.3** describe characters and explain how their actions contribute to the sequence of events; **RL.3.6** distinguish own point of view from the narrator or characters' point of view

ESTÁNDARES
COMUNES

Aprende
en línea

Punto de vista

El **punto de vista** es el mensaje del autor hacia el lector, que puede expresarse mediante las acciones, los pensamientos, las palabras y los sentimientos del narrador del cuento o de los personajes. En los cuentos de ficción, los autores pueden usar el punto de vista del narrador o de los personajes para llamar la atención del lector hacia una idea, una opinión o un sentimiento importante del cuento.

A menudo, también los lectores tienen su propio punto de vista sobre lo que sucede en un cuento. Como lector, debes decidir si estás de acuerdo con el narrador o el personaje, o si tienes una opinión completamente diferente.

Es tu turno

REPASAR LA PREGUNTA ESENCIAL

Turnarse y comentar
Repasa el cuento con un compañero y prepárate para comentar esta pregunta: *¿Cómo era la vida de los pioneros en las praderas?* Mientras comentas la pregunta, usa evidencia del texto para apoyar tus ideas.

Comentar en la clase

Para continuar comentando *Sara, sencilla y alta,* explica tus respuestas a estas preguntas:

1 Sara dice que "la tierra se ondula un poco como el mar". ¿Qué crees que quiso decir? ¿Qué te imaginas?

2 ¿Por qué razones crees que Sara se quedaría después de pasar un mes con la familia? ¿Por qué razones podría irse?

3 Explica por qué Anna desearía que su familia tuviera un mar propio.

ESCRIBE SOBRE LO QUE LEÍSTE

Respuesta ¿Crees que Sara se quedará? Escribe un párrafo en el que cuentes lo que crees que sucederá. Usa evidencia del texto para apoyar tu respuesta. Incluye una conclusión que resuma tu opinión.

Sara, sencilla y alta

Sugerencia para la escritura

Mientras escribes, presta mucha atención a los tiempos verbales. Vas a escribir principalmente sobre lo que crees que les sucederá a Anna y su familia en el futuro.

Aprende en línea

ESTÁNDARES COMUNES **RL.3.3** describe characters and explain how their actions contribute to the sequence of events; **W.3.1a** introduce the topic, state an opinion, and create an organizational structure; **W.3.1b** provide reasons that support the opinion; **W.3.1d** provide a concluding statement or section; **W.3.10** write routinely over extended time frames or short time frames; **SL.3.1a** come to discussions prepared/ explicitly draw on preparation and other information about the topic; **SL.3.1d** explain own ideas and understanding in light of the discussion

TEXTO INFORMATIVO

✓ GÉNERO

Los **textos informativos** contienen hechos e información sobre un tema.

✓ ENFOQUE EN EL TEXTO

Un **diagrama** es una ilustración que muestra detalles importantes; por ejemplo, cómo está hecho algo. A menudo se agregan etiquetas o pies de foto para identificar las partes del diagrama.

 RI.3.7 use information gained from illustrations and words to demonstrate understanding; **RI.3.10** read and comprehend informational texts

Aprende en línea

CARRETAS del Viejo Oeste

por *María Santos*
ilustrado por Dan Bridy

Uno de los medios de transporte más antiguos es la carreta. Es un vehículo de cuatro ruedas tirado por animales fuertes. En todo el mundo se usan carretas desde hace miles de años.

Carretas en la ruta de Oregón

En Estados Unidos, las carretas hicieron historia entre las décadas de 1830 y 1860. En esa época, miles de pioneros viajaron hacia el oeste. Algunos llegaron hasta Oregón, pero otros se establecieron en muchos lugares a lo largo del camino.

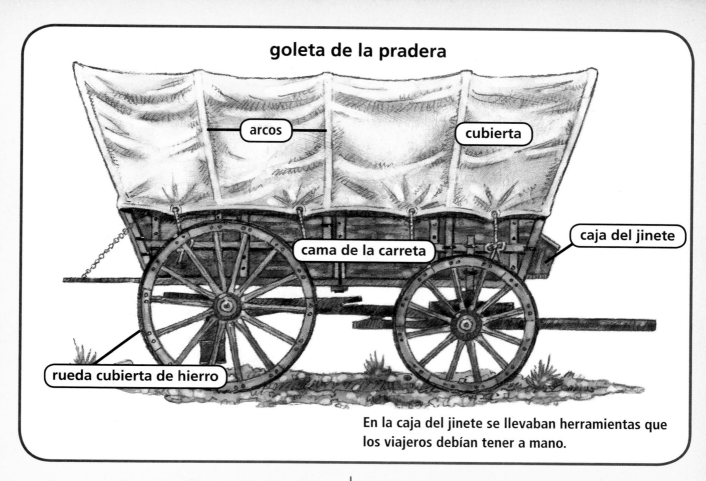

goleta de la pradera

arcos

cubierta

caja del jinete

cama de la carreta

rueda cubierta de hierro

En la caja del jinete se llevaban herramientas que los viajeros debían tener a mano.

Los pioneros viajaban hasta seis meses para llegar a la Costa Oeste. Tenían que empacar muchos alimentos y provisiones para el viaje. Las familias también empacaban algunos de sus muebles. Para proteger sus pertenencias y provisiones del sol y la lluvia, usaban carretas cubiertas.

En el este, había una carreta enorme llamada Conestoga. Sus ruedas traseras eran tan altas como una persona. La parte superior se elevaba más de 11 pies sobre el suelo. La parte de atrás y el frente de la cama de la carreta estaban inclinados hacia arriba para que la carga no se cayera cuando la carreta cruzaba la montaña.

A las personas les gustaba el diseño de la Conestoga, pero estas carretas eran demasiado pesadas para los largos viajes hacia el oeste. Se necesitaban entre seis y ocho caballos para tirar de ellas. Las carretas tenían que viajar sobre terreno muy agreste porque todavía no había calles.

Se construyó una carreta más pequeña, con extremos altos e inclinados para que la carga no se cayera. También tenía una cubierta de lona blanca para proteger la carga del sol y la lluvia. Como las carretas de techo blanco viajaban en grupos o "caravanas" por las tierras planas de las praderas, a veces parecían barcos. Las personas pronto empezaron a llamarlas "goletas de la pradera", porque la goleta era un tipo de barco con velas blancas.

Carretas de las granjas de la pradera

Una vez que los pioneros elegían un lugar para asentarse, construían casas para dormir y almacenar sus alimentos. Ya no necesitaban llevar cargas tan pesadas. Las goletas de la pradera eran demasiado grandes para el uso diario. Los pioneros necesitaban una carreta que fuera cómoda para montar. Se construyeron carretas mucho más pequeñas para las granjas. Se les agregaron muelles para que los conductores no sintieran todas las sacudidas del camino. Un muelle es un soporte de acero que sostiene la cama de la carreta. Los muelles eran más livianos que el pesado marco de las goletas de la pradera, por lo que la carreta podía viajar más rápido.

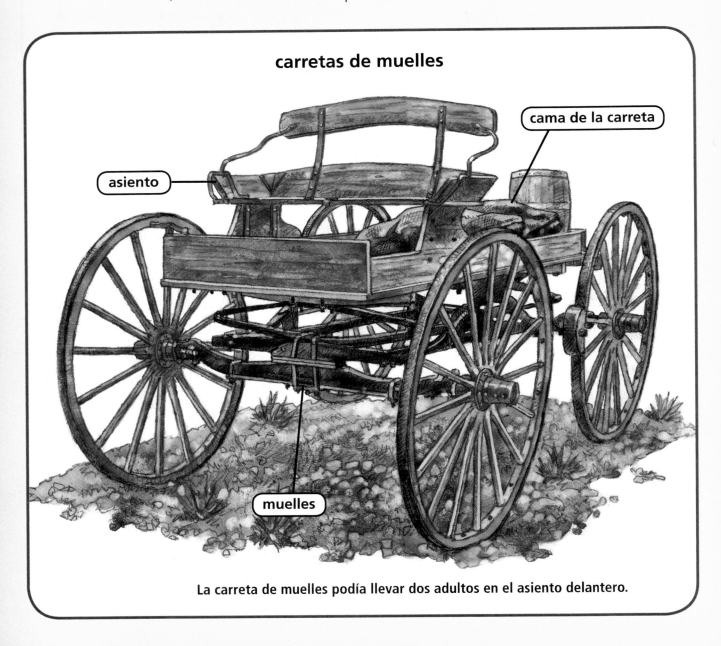

carretas de muelles

cama de la carreta

asiento

muelles

La carreta de muelles podía llevar dos adultos en el asiento delantero.

Comparar el texto

DE TEXTO A TEXTO

Comparar carretas Con un compañero, comenta las semejanzas y las diferencias entre la carreta de *Sara, sencilla y alta* y cada una de las carretas que se describen en *Carretas del Viejo Oeste*. Escriban juntos una comparación de las carretas. Usa evidencia del texto de las selecciones y de las ilustraciones para apoyar tus respuestas.

EL TEXTO Y TÚ

Escribir tu opinión Si pudieras elegir entre vivir cerca de la costa como vivía Sara o vivir en las praderas como Anna y Caleb, ¿qué elegirías? Escribe las razones de tu opinión.

EL TEXTO Y EL MUNDO

Investigar sobre los pobladores En Internet o en libros de referencia, investiga a las personas que poblaron tu estado. ¿Quiénes eran los indios americanos que vivían en esa parte del país? ¿De dónde llegaron las otras personas y por qué?

Aprende en línea

ESTÁNDARES COMUNES

RL.3.7 explain how illustrations contribute to the words; **RI.3.7** use information gained from illustrations and words to demonstrate understanding; **RI.3.9** compare and contrast important points and details in texts on the same topic; **W.3.7** conduct short research projects that build knowledge about a topic; **W.3.10** write routinely over extended time frames or short time frames

Gramática

Aprende
en línea

Comparaciones con adverbios Recuerda que los **adverbios** son palabras que indican cuándo, dónde o cómo sucede algo. Los adverbios se usan para describir verbos.

Los adverbios pueden usarse para comparar acciones. Para comparar dos acciones, usa *más/menos + adverbio + que*. Para comparar más de dos acciones, usa la palabra *muy* delante del adverbio o agrégale el sufijo *-ísimo* al final. No se usa *más/ menos* con los adverbios *bien* y *mal*. Debes usar *mejor* y *peor.*

Adverbio	Dos acciones	Más de dos acciones
lento	más lento	muy lento/lentísimo
tarde	más tarde	muy tarde/tardísimo
temprano	más temprano	muy temprano/tempranísimo
bien	mejor	muy bien
mal	peor	muy mal

Inténtalo Copia las oraciones. Rellena los espacios en blanco con la forma correcta del adverbio que está entre paréntesis.

1. Él camina _____. (rápido)

2. Ella canta _____ que su hermana. (bien)

3. Jerry llegó _____ que Ben. (tarde)

4. Manejó _____ que el primer conductor. (mal)

Si usas la forma incorrecta del adverbio para comparar, puedes confundir a los lectores. Cuando revises tu escritura, comprueba que hayas usado la forma correcta del adverbio para comparar dos acciones o más de dos acciones.

Forma incorrecta del adverbio	Forma correcta del adverbio
Lori saltó más bien que Eva. Su equipo la alentaba más alegremente.	Lori saltó mejor que Eva. Su equipo la alentaba muy alegremente.

 ## Relacionar la gramática con la escritura

Mientras corriges tu ficción narrativa, observa con atención los adverbios que usas. Corrige los errores que encuentres. Usar los adverbios correctamente es una parte importante de escribir bien.

W.3.3a establish a situation and introduce a narrator or characters/organize an event sequence; **W.3.3b** use dialogue and descriptions to develop experiences and events or show characters' responses; **W.3.3c** use temporal words and phrases to signal event order; **W.3.3d** provide a sense of closure

Escritura narrativa

✔ **Ideas** En los **párrafos de ficción narrativa**, los buenos escritores comienzan presentando un personaje o narrador y establecen claramente el entorno. Cuentan los sucesos en una secuencia que tiene sentido y terminan con un buen final. Los buenos escritores también pueden usar el diálogo y las descripciones para desarrollar el cuento.

Holly escribió una escena sobre una caravana de carretas. Cuando revisó su borrador, agregó detalles y ordenó la secuencia.

Lista de control de la escritura

✔ **Ideas**
¿Definí una situación y presenté un narrador?

✔ **Organización**
¿Conté los sucesos del cuento en un orden natural?

✔ **Elección de palabras**
¿Usé diálogos y descripciones?

✔ **Voz**
¿Escribí un final llamativo?

✔ **Fluidez de las oraciones**
¿Usé diferentes tipos de oraciones?

✔ **Convenciones**
¿Revisé la ortografía?

Borrador revisado

En el cruce de un río casi perdimos nuestra
carreta. Los bueyes entraron en la corriente
^ cuando

rápida del río. Mi mamá saltó de la carreta y

caminó rápidamente en el agua.

Si el buey se caía en el agua,
la carreta podía darse vuelta.
Uno de ellos tropezó en un lugar profundo. ^

Luego, tomó con fuerza la cuerda que el

buey tenía en el cuello.

Madre pionera
por Holly Becker

Mi mamá no le tenía miedo a casi nada. Después de la muerte de mi papá en la ruta de Oregón, decidió que seguiríamos hacia el oeste en vez de volvernos. Guiaba nuestros bueyes con confianza, o caminaba sin descanso junto a ellos. En el cruce de un río casi perdimos nuestra carreta cuando los bueyes entraron en la corriente rápida del río. Uno de ellos tropezó en un lugar profundo. Si el buey se caía en el agua, la carreta podía darse vuelta.

Mi mamá saltó de la carreta y caminó rápidamente en el agua. Luego, tomó con fuerza la cuerda que el buey tenía en el cuello. Tiró hacia arriba y hacia el costado. Forcejeando, el buey se movió hacia el costado e hizo pie en aguas menos profundas.

—Sigamos —dijo ella mientras se movía hacia adelante y continuaba dirigiendo al grupo. Logramos llegar a salvo al otro lado del río, ¡y mi mamá nunca dio señales de tener miedo!

Leer como escritor

¿Qué detalles agregó Holly al comienzo? ¿Cómo mejoró la secuencia de sucesos? ¿Cómo puedes mejorar la secuencia en tus párrafos narrativos?

En mi versión final, agregué detalles para definir la escena y cambié la secuencia para que quedara más clara.

Vocabulario en contexto

El viaje: Relatos de migraciones
CYNTHIA RYLANT
ilustrado por LAMBERT DAVIS

El saltamontes y la hormiga

☑ **VOCABULARIO CLAVE**

migrar
sobrevivir
suficiente
atemorizar
accidente
sólido
gélido
paisaje
atronador
dramático

Librito de vocabulario

El vuelo de las golondrinas

Tarjetas de contexto

ESTÁNDARES COMUNES

L.3.6 acquire and use conversational, general academic, and domain-specific words and phrases

234

1 migrar
Al migrar, o moverse de un sitio a otro, estas mariposas vuelan muy lejos.

2 sobrevivir
El azulejo vuela al sur en el invierno, para así sobrevivir, o mantenerse vivo.

3 suficiente
Algunos animales no tienen que migrar si han podido guardar suficiente alimento.

4 atemorizar
A los pingüinos los atemoriza, o les da miedo, la presencia de estas focas.

Aprende en línea

► Estudia cada Tarjeta de contexto.

► Usa dos palabras del Vocabulario para relatar alguna experiencia que hayas tenido.

5 **accidente**

Cuando el alce cruza la carretera en busca de comida, puede causar accidentes.

6 **sólido**

Para los animales, es muy difícil hallar comida bajo la nieve y el hielo sólido.

7 **gélido**

La piel de los osos polares es gruesa, y los resguarda en las épocas gélidas o frías.

8 **paisaje**

El paisaje cambia en primavera: el pasto se vuelve verde y se abren las flores.

9 **atronador**

Una manada de caribúes hace un ruido atronador, muy fuerte, cuando corre.

10 **dramático**

Es dramático ver cómo el salmón nada contra corriente para poner huevos.

Leer y comprender

Aprende en línea

☑ DESTREZA CLAVE

Comparar y contrastar Mientras lees *El viaje: Relatos de migraciones,* busca maneras de **comparar** y **contrastar** detalles importantes sobre las dos clases de criaturas migrantes. Observa que la autora usa una estructura similar en las dos partes de la selección, lo que permite ver las diferencias y similitudes entre las migraciones. Usa un organizador gráfico como el de abajo para anotar la evidencia del texto que necesitas para comparar y contrastar las dos migraciones.

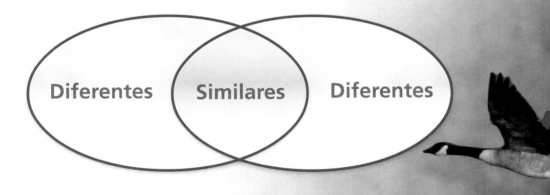

Diferentes **Similares** **Diferentes**

☑ ESTRATEGIA CLAVE

Visualizar Mientras lees, usa los detalles descriptivos que ofrece la autora como ayuda para **visualizar,** o imaginarte, la información que lees.

La migración de los animales

Los gansos vuelan en grupos en forma de V, muy alto en el cielo. Cientos de mariposas monarca se reúnen en el tronco de un árbol para descansar durante su largo vuelo hacia México. Las tortugas marinas se reúnen en las playas de Florida en la primavera y en el verano. Estos son solo algunos ejemplos de las migraciones que se realizan cada año. Una migración es el movimiento de insectos, animales, o incluso personas, de un lugar a otro, a menudo a miles de millas de distancia.

En *El viaje: Relatos de migraciones,* aprenderás por qué dos criaturas muy diferentes, las ballenas grises y las langostas, migran y adónde van.

TEXTO PRINCIPAL

CYNTHIA RYLANT
El viaje:
Relatos de migraciones

ilustrado por
LAMBERT DAVIS

✓ DESTREZA CLAVE

Comparar y contrastar
Explica en qué se parecen y en qué se diferencian los detalles.

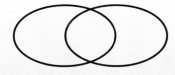

✓ GÉNERO

Un **texto informativo** contiene datos e información sobre un tema. Mientras lees, busca:

▶ encabezamientos que indiquen cuál es el contenido de las secciones,

▶ cómo están organizadas las ideas y la información, y

▶ gráficas, como mapas, que expliquen el tema.

ESTÁNDARES COMUNES
RI.3.8 describe the connection between sentences and paragraphs in a text; **RI.3.10** read and comprehend informational texts; **L.3.3a** choose words and phrases for effect

Aprende en línea

CONOCE A LA AUTORA

Cynthia Rylant

¿Qué consejo les da a los escritores jóvenes una autora famosa, ganadora de premios, como lo es Cynthia Rylant? Sal a jugar. "Creo que jugar sigue siendo el mejor entrenamiento que puedes tener para ser escritor", dice Rylant. "Te ayuda a amar la vida, te ayuda a relajarte y te ayuda a inventar cosas interesantes en la mente". Rylant es la autora de *The Blue Hill Meadows* (Las praderas de Blue Hill), y muchos otros libros.

EL VIAJE:
Relatos de migraciones

por Cynthia Rylant

PREGUNTA ESENCIAL

¿Por qué los animales
migran a otros lugares?

Introducción

La mayoría de las criaturas viven en el lugar donde han nacido: el pequeño ratón corre por los campos donde corría su madre; la ardilla gris vive en los mismos árboles altos toda su vida; la vaca permanece en la granja.

Pero hay criaturas que no se quedan donde han nacido, que no pueden quedarse. Son criaturas que tienen que migrar. Se pasarán la vida viajando de un sitio a otro. Algunas migrarán para sobrevivir, otras migrarán para crear una nueva vida. Todas serán extraordinarias.

Aquí relatamos las historias de dos de estos viajeros extraordinarios, tan diferentes el uno del otro, pero a la vez tan parecidos en un aspecto profundo: ambos tienen que *desplazarse*.

La langosta

   Pocas migraciones son tan dramáticas y atemorizan tanto como las de las langostas del desierto cuando viajan a través de África. Esos insectos son, en realidad, saltamontes jóvenes, y los saltamontes, por lo general, no viajan.

   Pero, a veces, se ponen demasiados huevos de saltamontes en un área pequeña, y cuando nacen los saltamontes, no hay suficiente comida. Entonces, a los saltamontes solo les queda una opción para poder sobrevivir: migrar en busca de vegetación.

Así que estos saltamontes comienzan a cambiar: sus cuerpos cambiarán de un color verde claro a amarillo oscuro o rojo; sus antenas crecerán cortas, en lugar de largas. Y cuando *miles de millones* de ellos se eleven por los aires para volar juntos, ya no serán saltamontes: serán langostas.

Una nube de langostas del desierto volando en el cielo es una imagen increíble. Tantas langostas tapan el sol y parece de noche. Y en la repentina oscuridad, suena un terrible ruido atronador: es el ruido de miles de millones de alas.

ANALIZAR EL TEXTO

Elección de palabras de la autora ¿Qué palabras te ayudan a imaginar el aspecto que tienen y el sonido que producen las langostas cuando vuelan juntas?

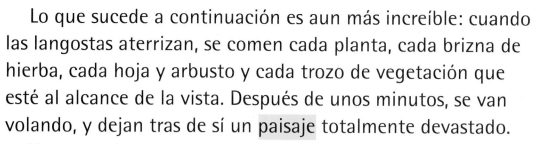

Lo que sucede a continuación es aun más increíble: cuando las langostas aterrizan, se comen cada planta, cada brizna de hierba, cada hoja y arbusto y cada trozo de vegetación que esté al alcance de la vista. Después de unos minutos, se van volando, y dejan tras de sí un paisaje totalmente devastado.

Y aunque las langostas no hacen daño intencionadamente (solo quieren comer jardines, árboles, arbustos y hierba), muchas personas pueden morir por culpa de ellas: como en los campos no queda comida, la gente puede morir de hambre.

Las langostas del desierto también pueden causar accidentes. Vuelan muy alto (hasta dos millas por encima de la tierra), y esto puede dificultar el vuelo de los aviones, que tienen que atravesar una nube de langostas. Los enjambres también pueden interferir con los trenes. Y, si hay millones de langostas aplastadas en una carretera, esto puede hacer que los carros patinen.

Hay muchas historias a lo largo del tiempo sobre la terrible devastación producida por las plagas de langostas. Está escrito que en épocas antiguas un enjambre de langostas cubrió 2,000 millas cuadradas.

Hoy en día, los enjambres son muchísimo menos numerosos que aquellos. Pero todavía pueden ser muy grandes, a menudo de hasta cien millas cuadradas. ¡Imagina tantos insectos volando en el cielo!

Huevos de langosta

Cuando las langostas migran en busca de comida, vuelan con el viento desde una zona de lluvia a la siguiente. (Siempre hay más comida en los lugares donde llueve). Viajan en las mañanas soleadas y paran al final de la tarde para pasar la noche.

Cuando llegan a una zona lluviosa, se aparean y mueren. Luego, sus crías saldrán del cascarón, y un nuevo enjambre de langostas comenzará a desplazarse. Esto sucederá una y otra vez hasta que, un día, un enjambre vuelva al mismo lugar de donde salieron las primeras langostas.

Si no ponen allí demasiados huevos, y si hay suficiente comida cuando las crías salen del cascarón, ya no habrá enjambres de langostas durante algún tiempo: solo serán saltamontes verde pálido que se mueven silenciosamente.

Pero algún día, si se ponen demasiados huevos, los saltamontes recién nacidos estarán demasiado hambrientos, y comenzarán a tener un aspecto diferente y a comportarse de manera diferente.

Y entonces se elevarán juntos, miles de millones de ellos, ya como langostas del desierto, y volarán.

Las ballenas

Muchos mamíferos migran, pero ninguno migra tan lejos como la gran ballena gris. Viaja 6,000 millas y luego regresa, ¡y la mayor parte de su viaje lo hace con el estómago vacío!

A las ballenas grises les encantan las aguas frías cercanas al Polo Norte, porque están llenas del tipo de alimento que les gusta. Se alimentan de diminutos camarones del océano y de gusanos, y en el verano, las aguas del Ártico están llenas de ellos. Las ballenas comen y comen y comen, pasando la diminuta comida por un filtro de filas de barbas que tienen en la boca. (En lugar de dientes, las ballenas grises tienen barbas: tiras largas de un material duro similar al de las uñas).

Estas ballenas generalmente nadan y comen solas a lo largo del verano. Pero en el otoño, empiezan a buscar compañeros de viaje, porque si hay algo que saben las ballenas es que tienen que migrar. En el invierno, el océano Ártico estará lleno de hielo sólido, y las ballenas morirán si se quedan.

Las primeras ballenas grises en irse del Ártico son las hembras embarazadas. Las futuras madres quieren tener suficiente tiempo para llegar a las aguas cálidas de California y México antes de dar a luz. ¡Ninguna madre quiere tener a su cría en agua helada!

El resto de las ballenas las seguirán, y bajarán todos en pequeños grupos por la costa del Pacífico. Una vez que dejen el Ártico, ya no encontrarán mucha comida, y podrán pasar hasta *ocho meses* antes de que vuelvan a comer.

Pero las ballenas han almacenado mucha grasa en sus cuerpos, y esta las mantendrá con vida.

Mientras viajan, las ballenas a menudo nadan cerca de la orilla, y a lo largo de esa ruta, la gente está encantada de verlas. Las saludan con la mano desde los acantilados y salen en barco a decirles "hola".

Cuando las ballenas grises finalmente llegan en enero a las aguas tropicales más cálidas, las hembras embarazadas dan a luz y las demás ballenas se aparean.

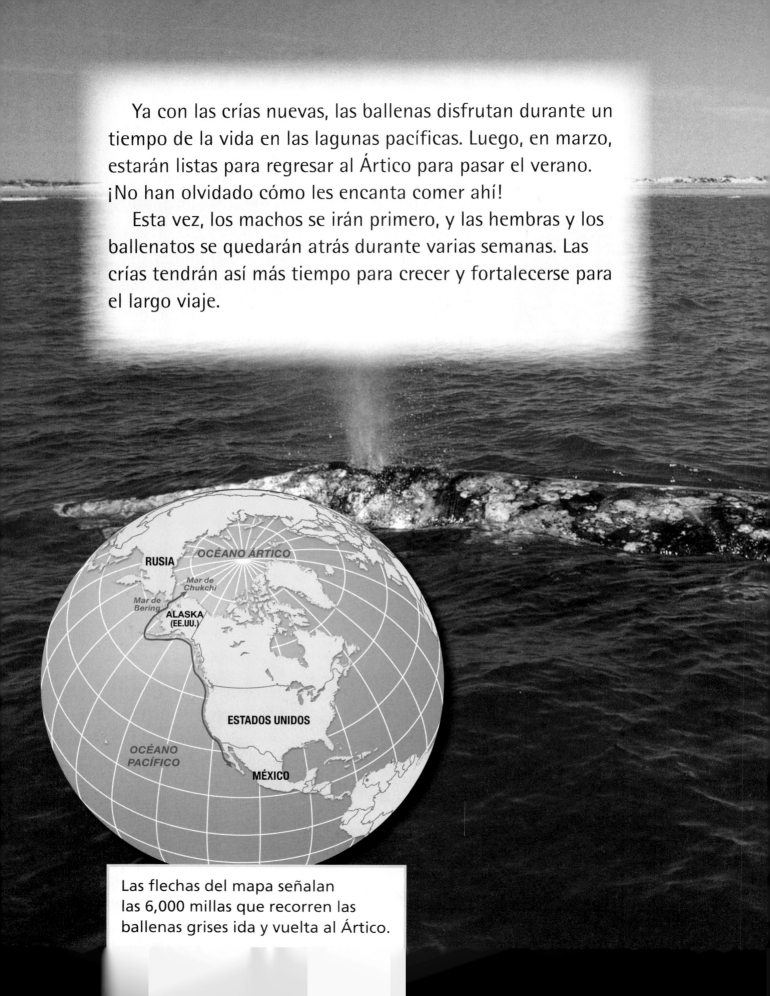

Ya con las crías nuevas, las ballenas disfrutan durante un tiempo de la vida en las lagunas pacíficas. Luego, en marzo, estarán listas para regresar al Ártico para pasar el verano. ¡No han olvidado cómo les encanta comer ahí!

Esta vez, los machos se irán primero, y las hembras y los ballenatos se quedarán atrás durante varias semanas. Las crías tendrán así más tiempo para crecer y fortalecerse para el largo viaje.

OCÉANO ÁRTICO

RUSIA

Mar de
Chukchi

Mar de
Bering

ALASKA
(EE.UU.)

ESTADOS UNIDOS

OCÉANO
PACÍFICO

MÉXICO

Las flechas del mapa señalan las 6,000 millas que recorren las ballenas grises ida y vuelta al Ártico.

Finalmente, todas las ballenas viajarán pasando por Oregón y Washington, a través de las aguas de Alaska y Asia hasta llegar cerca del Polo Norte. ¿Cómo encuentran estas aguas del Ártico? Nadie está seguro. Puede ser que sigan las formas de los lechos marinos. Puede ser que sientan el campo magnético de la Tierra, como si fuesen brújulas vivientes. Puede ser que usen la ecolocación: emiten sonidos que rebotan y les describen lo que está alrededor.

Pero, sea como sea, las ballenas realizarán esa larga travesía de 6,000 millas al norte, y encontrarán las mismas aguas gélidas que dejaron atrás. Al llegar al Ártico, se separarán y disfrutarán de un verano de buena comida marina.

ANALIZAR EL TEXTO

Comparar y contrastar ¿En qué se parecen los dos viajes que hacen las ballenas? ¿En qué se diferencian?

Pero justo antes de que llegue el invierno al Ártico, antes del hielo, algo les dirá a las ballenas que se encuentren de nuevo las unas con las otras: que encuentren compañía para otro viaje muy largo.

Ahora analiza

Cómo analizar el texto

Usa estas páginas para aprender acerca de Comparar y contrastar, y Elección de palabras de la autora. Luego, vuelve a leer *El viaje: Relatos de migraciones* para aplicar lo que has aprendido.

Comparar y contrastar

La autora de *El viaje: Relatos de migraciones* organizó el texto de una manera que ayuda a los lectores a **comparar** y **contrastar** las ballenas y las langostas. Si buscas las conexiones entre las partes de un texto, podrás comprender lo que lees.

Vuelve a leer las páginas 240 y 241 de *El viaje: Relatos de migraciones*. Primero, aprenderás que algunos animales migran, mientras que otros no lo hacen. Luego, comenzarás a leer sobre un insecto que migra, la langosta. Mientras continúas leyendo, busca evidencia del texto que te ayude a hacer conexiones. Cuando llegues a la siguiente sección, que trata sobre las ballenas, podrás comenzar a comparar y contrastar la información con lo que leíste sobre las langostas.

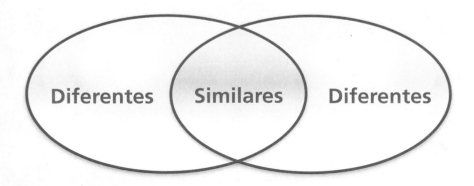

Diferentes · Similares · Diferentes

RI.3.8 describe the connection between sentences and paragraphs in a text; **L.3.3a** choose words and phrases for effect

Aprende en línea

Elección de palabras de la autora

Los autores eligen cuidadosamente las palabras y las frases que usan. Los **adjetivos** y **adverbios** fuertes ayudan a los lectores a imaginar cómo se ven las cosas y cómo ocurren los sucesos.

En *El viaje: Relatos de migraciones,* la autora usa en la página 241 la palabra *dramáticas* para describir los enjambres de langostas. Piensa en cómo estas palabras te ayudan a imaginar a los saltamontes jóvenes.

Es tu turno

mi Escritura genial

REPASAR LA PREGUNTA ESENCIAL

Turnarse y comentar

Repasa la selección con un compañero y prepárate para comentar esta pregunta: *¿Por qué los animales migran a otros lugares?* Mientras usas evidencia del texto para comentar la pregunta, escucha atentamente las ideas de tu compañero y continúa la conversación agregando tus propias ideas.

Comentar en la clase

Para continuar comentando *El viaje: Relatos de migraciones*, explica tus repuestas a estas preguntas:

1 ¿Qué sienten las personas con respecto a la migración de las langostas? ¿Y con respecto a la migración de las ballenas? ¿En qué se diferencian estos dos sentimientos?

2 Hay algunas ideas sobre por qué las ballenas grises saben a donde ir. ¿Cuál es la que tiene más sentido para ti?

3 ¿Cómo describirías estas migraciones a alguien que no haya leído la selección?

ESCRIBE SOBRE LO QUE LEÍSTE

Respuesta Piensa en las dos migraciones de *El viaje: Relatos de migraciones*. Si pudieras observar la migración de las langostas o la de las ballenas, ¿cuál elegirías? Escribe un párrafo sobre tu elección. Usa evidencia del texto de la selección para apoyar tu opinión.

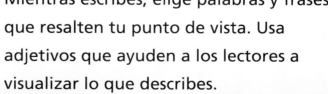

Sugerencia para la escritura

Mientras escribes, elige palabras y frases que resalten tu punto de vista. Usa adjetivos que ayuden a los lectores a visualizar lo que describes.

RI.3.1 ask and answer questions to demonstrate understanding, referring to the text; **W.3.10** write routinely over extended time frames or short time frames; **SL.3.1a** come to discussions prepared/explicitly draw on preparation and other information about the topic; **SL.3.1d** explain own ideas and understanding in light of the discussion; **L.3.3a** choose words and phrases for effect

ESTÁNDARES COMUNES

RL.3.2 recount stories and determine the message, lesson, or moral; **RL.3.10** read and comprehend literature

Aprende en línea

El saltamontes y la hormiga

fábula de **Esopo** adaptada por **Margaretha Rabe**

A Saltamontes le encantaba cantar y tocar el violín. Interpretaba canciones suaves y tonadas atronadoras. A veces ejecutaba música atemorizante y luego saltaba de manera dramática. Era en esos momentos que provocaba accidentes.

En una oportunidad, Saltamontes saltó en una pila de granos que Hormiga llevaba recolectando todo el día. Los granos se desparramaron por todo el lugar.

—Debes ser más cuidadoso, Saltamontes —lo regañó Hormiga—. Trabajé mucho para reunir esos granos. Ahora tendré que apilarlos de nuevo.

—Lo siento —contestó Saltamontes—. ¿Por qué no tomas un descanso? Es un día hermoso y soleado, y ya tendrás muchos días para reunir comida.

—Eso piensas tú, Saltamontes, pero el invierno llegará pronto. Entonces la tierra se convertirá en hielo sólido —dijo Hormiga—. Ahora es el momento de recolectar alimentos y de planear cómo sobrevivir. Tú deberías tomar un descanso de la diversión y trabajar un poco.

—Yo migraré hacia algún lugar cálido si el tiempo se pone demasiado gélido. Así podré seguir tocando y cantando. Pero, por ahora, entonaré cualquier canción que te guste para facilitar tu tarea.

261

Semanas después, empezaron a caer del cielo grandes copos de nieve. Saltamontes tiritaba de frío. Hacía tanto frío que apenas podía sostener el violín. Buscó comida, pero la tierra se había convertido en un manto de nieve blanca.

"¿Qué haré ahora? No encuentro alimentos, y hace demasiado frío para irme muy lejos. Quizás Hormiga me ayude", pensó Saltamontes.

Saltamontes caminó con dificultad por la nieve y golpeó a la puerta de la casa de Hormiga.

—¿Me darías un poco de comida si canto y toco para ti? —le preguntó.

—Sí —dijo Hormiga—. Trabajé mucho durante el resto del año, así que ahora tengo tiempo para descansar y divertirme.

Moraleja: Hay un tiempo para trabajar y un tiempo para jugar.

Comparar el texto

Comparar los saltamontes Compara y contrasta los saltamontes de las dos selecciones. ¿Qué problema comparten los saltamontes en ambas selecciones? ¿Qué es lo que hacen con respecto a este problema? Usa evidencia del texto para hacer una lista de las semejanzas y las diferencias entre ambos.

¿Saltamontes u hormiga? En *El saltamontes y la hormiga*, a Saltamontes le gusta jugar y Hormiga siempre está trabajando. ¿A cuál de los dos te pareces más? ¿O te pareces un poco a los dos? Escribe un párrafo donde expliques tu respuesta y des ejemplos.

Moraleja del cuento Con un compañero, vuelve a leer *Dos oseznos* de la Lección 19. Repasa la moraleja o el mensaje de la obra. ¿En qué se parece y se diferencia a la moraleja de *El saltamontes y la hormiga*? Explica cómo las moralejas se aplican en la vida real.

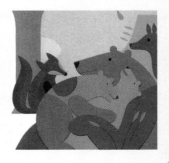

ESTÁNDARES COMUNES **RL.3.1** ask and answer questions to demonstrate understanding, referring to the text; **RL.3.2** recount stories and determine the message, lesson or moral; **RI.3.1** ask and answer questions to demonstrate understanding, referring to the text; **RI.3.9** compare and contrast important points and details in texts on the same topic

Gramática

Aprende en línea

Hacer comparaciones Los **adjetivos** se usan para describir sustantivos. También pueden usarse para **comparar sustantivos.**

- Agrega *más/menos* a la mayoría de los adjetivos para comparar dos sustantivos. Agrega *el/la más/menos* a la mayoría de los adjetivos para comparar más de dos sustantivos.

Los **adverbios** indican cuándo, dónde o cómo sucede algo. También pueden usarse para **comparar acciones.**

- Agrega *más/menos* a la mayoría de los adverbios para comparar dos acciones. Agrega *muy* delante de la mayoría de los adverbios o el sufijo *-ísimo* al final para comparar más de dos acciones.

Adjetivo	Adverbio
Ben es alto.	Jen puede saltar alto.
Ben es más alto que Jack.	Yo puedo saltar más alto que Jen.
Ben es el más alto de la clase.	Cho puede saltar altísimo.

Inténtalo **Copia las oraciones. Rellena los espacios en blanco con la forma correcta del adjetivo o del adverbio que está entre paréntesis.**

❶ Esta ballena es _____ de todas. (grande)

❷ El Sr. Briggs cantó _____ que el maestro de música. (suave)

❸ Esta prueba es _____ hasta ahora. (difícil)

❹ Abby corrió _____ y ganó la carrera. (rápido)

Cuando escribes un párrafo descriptivo, puedes hacer comparaciones para describir cómo es algo o cómo se mueve. Las comparaciones ayudarán a los lectores a imaginar tus ideas con claridad.

Adjetivo	Adverbio
La ballena azul es grande. La ballena azul es más grande que el elefante. De todos los animales de la Tierra, la ballena azul es la más grande.	La ballena gris se sumerge velozmente. La ballena gris se sumerge más velozmente que la ballena azul. El cachalote se sumerge muy velozmente.

 ## Relacionar la gramática con la escritura

Mientras revisas tu párrafo descriptivo, busca maneras de usar los adjetivos y los adverbios para comparar. Asegúrate de usar la forma correcta para mostrar cuántas cosas o acciones estás comparando.

Escritura narrativa

☑ **Elección de palabras** En *El viaje: Relatos de migraciones,* leíste que mil millones de alas de langostas suenan como un trueno. *Como un trueno* es un símil, es decir, una frase que usa la palabra *como* para comparar dos cosas. Usar un símil sirve para ayudar a los lectores a imaginar lo que describes.

Víctor escribió un **párrafo descriptivo** acerca de un viaje para avistar ballenas. Revisó su borrador y le agregó un símil y palabras descriptivas fuertes.

Lista de control de la escritura

☑ **Ideas**
¿Planteé mi tema con claridad?

☑ **Organización**
¿Ordené mis ideas de manera que tengan sentido?

☑ **Elección de palabras**
¿Usé detalles sensoriales?

☑ **Voz**
¿Usé símiles para describir cómo era algo al tacto?

☑ **Fluidez de las oraciones**
¿Usé frases que indican dónde y cuándo?

☑ **Convenciones**
¿Corregí la ortografía, la gramática y la puntuación de mi trabajo?

Borrador revisado

Cuando al fin vimos una ballena, quedé atónito. La ballena simplemente flotaba. como una isla. No parecía una ballena. ¡Luego la isla se sumergió en el océano! En segundos, la ballena apareció de nuevo. Luego, dio un gran salto sobre el océano que nos bañó de agua gélida de mar. Mientras la ballena se sumergía rápidamente entre las olas, dio un aletazo con la cola enorme y con forma de abanico. Esa cola era más grande que nuestro barco.

Mi viaje para avistar ballenas

por Víctor Rotello

El verano pasado, mamá y yo hicimos un viaje para avistar ballenas. Al principio, parecía que era un viaje para avistar el océano. Cuando al fin vimos una ballena, quedé atónito. La ballena simplemente flotaba, como una isla. No parecía una ballena. ¡Luego la isla se sumergió en el océano! En segundos, la ballena apareció de nuevo. Luego, dio un gran salto sobre el océano que nos bañó de agua gélida de mar. Mientras la ballena se sumergía rápidamente entre las olas, dio un aletazo con la cola enorme y con forma de abanico. Esa cola era más grande que nuestro barco. "¡Adiós!" grité mientras la saludaba con la mano, sintiendo que me despedía de una vieja amiga. Mamá y yo habíamos visto lo que fuimos a ver, una ballena gigante. ¡Qué viaje increíble!

Leer como escritor

Víctor agregó un símil para describir la primera ballena que vio. ¿Qué símiles podrías usar tú en tu párrafo descriptivo?

En mi párrafo final, agregué un símil y adjetivos para describir cómo eran las cosas al tacto y a la vista.

El viaje de OLIVER K. WOODMAN

El transporte del correo de EE. UU.

Vocabulario en contexto

☑ **VOCABULARIO CLAVE**

sincero
lograr
montar
encantador
conversación
inspirar
encuentro
actualmente
placer
terror

Librito de vocabulario

Tarjetas de contexto

La Ruta 66

L.3.6 acquire and use conversational, general academic, and domain-specific words and phrases

1 sincero

La intención sincera, muy sentida, de este presidente fue lograr la justicia para todos.

2 lograr

Un grupo de artistas logró esculpir este monumento especial. ¡No fue fácil!

3 montar

Las personas se montaron, o se subieron, en este bote con cisnes.

4 encantador

El lago Crater, en Oregón, es de los más encantadores, o bellos, del mundo.

Aprende en línea

▶ Estudia cada Tarjeta de contexto.

▶ Coloca las palabras del Vocabulario en orden alfabético.

5 conversación

En el museo, las conversaciones deben ser en voz baja, es decir, debemos susurrar.

6 inspirar

Esta estatua inspiró a las personas. Les hizo creer en la libertad.

7 encuentro

Esta familia se fue a un campamento para su encuentro o reunión anual.

8 actualmente

Actualmente, este fuerte es un museo. Ya no hay soldados apostados aquí.

9 placer

Las personas sienten placer al andar en este viejo carrusel. Lo disfrutan.

10 terror

Cuando alguien se asoma al Gran Cañón, puede sentir terror, o mucho miedo.

Leer y comprender

Aprende en línea

✓ DESTREZA CLAVE

Secuencia de sucesos Mientras lees *El viaje de Oliver K. Woodman*, presta atención a la **secuencia**, o el orden, que siguen los sucesos en el cuento. Algunas claves, como las fechas, los momentos del día y las palabras distintivas, pueden ayudarte a determinar la secuencia. Usa un diagrama como el siguiente para anotar la secuencia de sucesos. El diagrama puede ser útil para describir cómo se desarrolla cada suceso a partir de los sucesos anteriores del cuento.

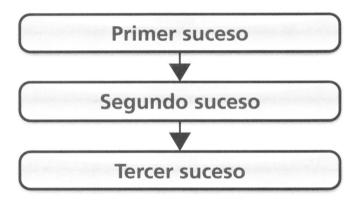

Primer suceso

↓

Segundo suceso

↓

Tercer suceso

✓ ESTRATEGIA CLAVE

Analizar/Evaluar Mientras lees *El viaje de Oliver K. Woodman*, presta atención a la forma en que la autora cuenta la historia de Oliver. Usa evidencia del texto para **analizar** y **evaluar** si esta forma de contar la historia da buenos resultados o no.

Enviar mensajes

Piensa en todas las formas de comunicarse que tienen las personas hoy en día. Las personas envían mensajes de muchas maneras: por correo electrónico, cartas, postales y mensajes de texto. Incluso sonreír y saludar con la mano son formas de comunicarse.

La mayoría de los animales también se envían mensajes entre ellos. Las aves se llaman entre sí. Los perros ladran en señal de advertencia y mueven la cola para saludar.

El viaje de Oliver K. Woodman cuenta la historia de cómo las personas ayudan a Oliver K. Woodman, un personaje curiosamente silencioso, a enviar mensajes de maneras interesantes y divertidas.

TEXTO PRINCIPAL

El viaje de
OLIVER K. WOODMAN

por Darcy Pattison
ilustrado por

☑ DESTREZA CLAVE

Secuencia de sucesos Indica el orden cronológico en el que ocurren los sucesos.

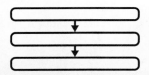

☑ GÉNERO

Una **fantasía** es un cuento imaginativo que no podría suceder en la vida real. Mientras lees, busca:

▶ sucesos o entornos del cuento que no sean realistas y
▶ personajes que actúen de manera no realista.

ESTÁNDARES COMUNES **RL.3.5** refer to parts of stories, dramas, and poems/describe how each part builds on earlier sections; **RL.3.10** read and comprehend literature; **L.3.3b** recognize and observe differences between conventions of spoken and written standard language

CONOCE A LA AUTORA
Darcy Pattison

Oliver K. Woodman, el personaje creado por Darcy Pattison, se hizo tan popular que los estudiantes de las escuelas de Nueva York, Indiana y otros estados tienen sus propios modelos de él en madera. Cuando viajan, llevan a Oliver con ellos y vuelven con fotografías de su viaje y anotaciones en su diario.

CONOCE AL ILUSTRADOR
Joe Cepeda

Joe Cepeda trabaja la madera como pasatiempo, así que cuando estaba ilustrando este cuento dibujó a Oliver K. Woodman como si realmente fuera a construir el personaje en madera. A Darcy Pattison, la autora, le encanta cómo quedó el trabajo artístico de Cepeda: "Oliver no tiene boca, pero podrías jurar que nos sonríe", dice Darcy.

Aprende en línea

EL VIAJE DE
OLIVER K. WOODMAN

escrito por
Darcy Pattison

ilustrado por
Joe Cepeda

PREGUNTA ESENCIAL

¿Cómo pueden comunicarse las personas a través de grandes distancias?

10 de mayo
Redcrest, CA

Querido tío Ray:

Por favor ven a visitarnos este verano.
Iremos a acampar. Podremos nadar y pescar.
Eres mi tío favorito. ¡Por favor, di
que vendrás!

Con cariño,
Tameka
XOXOXO

17 de mayo

Rock Hill , SC

Querida Tameka:

Me encantaría ir a California, pero no puedo.
Estaré fabricando gabinetes de cocina todo el
verano para unos apartamentos nuevos.

¡Pero quizás mi amigo Oliver vaya a visitarlos!

Con cariño,

tío Ray

ANALIZAR EL TEXTO

Secuencia de sucesos ¿Quién escribió la primera carta: el tío Ray o Tameka? ¿Cómo lo puedes deducir?

Querido viajero:

Voy a visitar a Tameka Schwartz, avenida Park 370, Redcrest, California, 95569. Hazme el favor de llevarme en tu carro y ayúdame a llegar allí. Si no te importa, mándale una nota a mi amigo Raymond Johnson, camino Stony 111, Rock Hill, Carolina del Sur, 29730. Él quiere estar al tanto de mis viajes.

Gracias,
Oliver K. Woodman

1° de junio
Rock Hill, SC

Querida sobrina favorita Tameka:
Oliver partió esta mañana. Avísame cuando
llegue; debería tardar un par de semanas. O quizás
más. Es difícil saberlo.

Cariños,
tío Ray

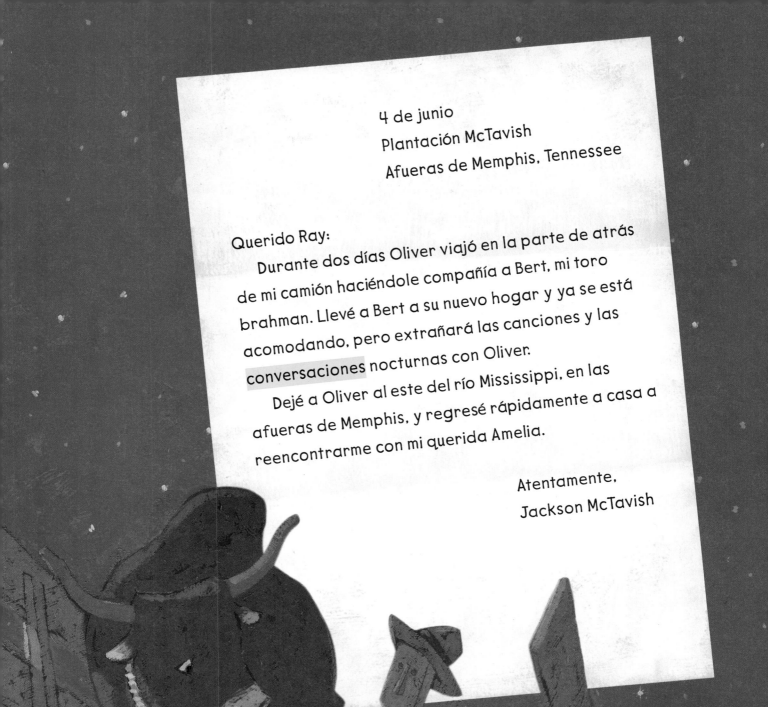

4 de junio
Plantación McTavish
Afueras de Memphis, Tennessee

Querido Ray:

Durante dos días Oliver viajó en la parte de atrás de mi camión haciéndole compañía a Bert, mi toro brahman. Llevé a Bert a su nuevo hogar y ya se está acomodando, pero extrañará las canciones y las conversaciones nocturnas con Oliver.

Dejé a Oliver al este del río Mississippi, en las afueras de Memphis, y regresé rápidamente a casa a reencontrarme con mi querida Amelia.

Atentamente,
Jackson McTavish

8 de junio

Forrest City, AR

¡Hola! El Sr. OK está okey. Quinn y Sherry
fueron a un juego de básquetbol el fin de semana
pasado en The Pyramid, en Memphis, Tennessee, y
al regreso trajeron al Sr. OK. Estuvo con nosotros
un par de días, y a todas las chicas les gustaba
más que Quinn. Así que cuando la tía del novio de
la prima de Quinn salía para visitar a su abuelo
enfermo en Fort Smith, Arkansas, los chicos
montaron al Sr. OK en la camioneta de la tía y lo
mandaron para allá. ¡Ni siquiera pudimos
decirle adiós!

Raymond Johnson
Camino Stony 111
Rock Hill, SC 29730

Cherry (la hermana de Sherry),
en nombre de la pandilla

P.D. Si ves al Sr. OK de nuevo, dile
que todos decimos adiós.

ANALIZAR EL TEXTO

Lenguaje formal e informal
¿Por qué suena diferente la carta de
Cherry de la de Jackson, en la página
279? ¿Qué palabras la hacen diferente?

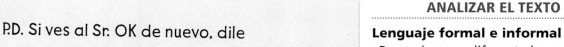

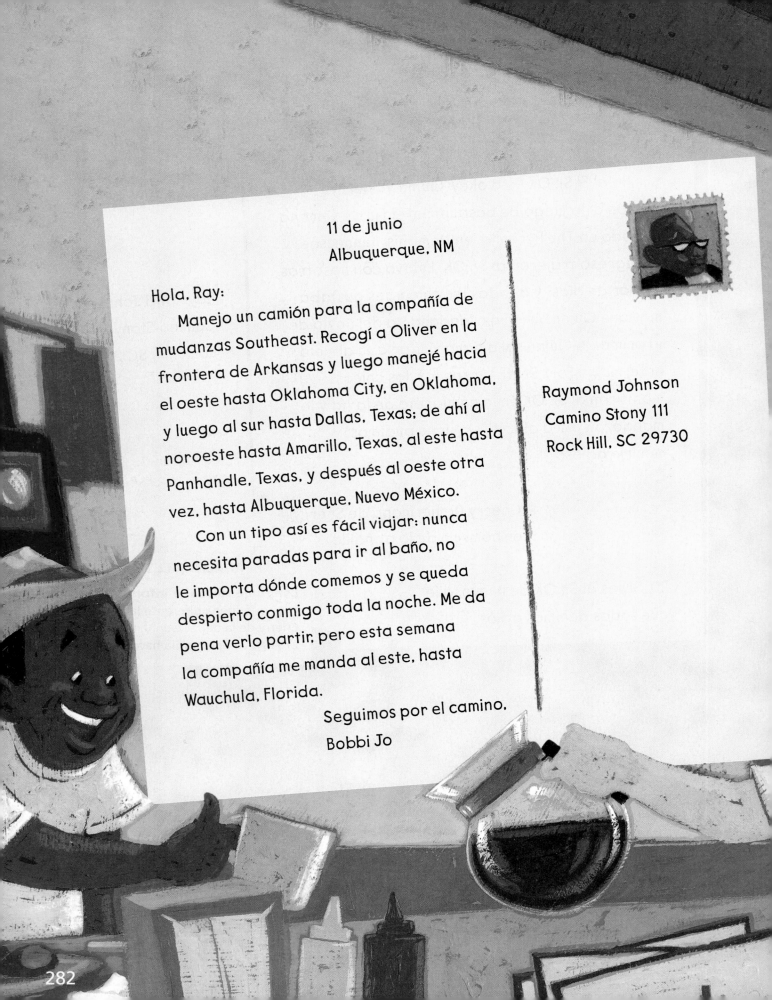

11 de junio
Albuquerque, NM

Hola, Ray:

Manejo un camión para la compañía de mudanzas Southeast. Recogí a Oliver en la frontera de Arkansas y luego manejé hacia el oeste hasta Oklahoma City, en Oklahoma, y luego al sur hasta Dallas, Texas; de ahí al noroeste hasta Amarillo, Texas, al este hasta Panhandle, Texas, y después al oeste otra vez, hasta Albuquerque, Nuevo México.

Con un tipo así es fácil viajar: nunca necesita paradas para ir al baño, no le importa dónde comemos y se queda despierto conmigo toda la noche. Me da pena verlo partir, pero esta semana la compañía me manda al este, hasta Wauchula, Florida.

Seguimos por el camino,
Bobbi Jo

Raymond Johnson
Camino Stony 111
Rock Hill, SC 29730

28 de junio
Rock Hill, SC

Querida Tameka:

No he tenido noticias de Oliver desde hace diecisiete días. Estoy empezando a preocuparme. ¿Y si se ha perdido? Por favor, llámame si se aparece por tu casa.

Cariños,
tío Ray

1° de julio
Redcrest, CA

Querido tío Ray:

No tenemos noticias de Oliver. ¿Estás seguro de que viene de verdad?

Todavía quisiera poder verte. Le pregunté a mamá si podíamos ir a visitarte, pero me dijo que costaba demasiado dinero. Papá dice que no puede ausentarse del trabajo tanto tiempo. Desde que pregunté, mamá se pone a ver álbumes de fotos familiares a cada rato. Cuando ve tus fotos, dice: "¡Mi hermanito!".

Cariños,
Tameka
XOXOXOX

4 de julio
Salt Lake City, UT

Estimado Raymond Johnson:

Mi abuelo encontró al Sr. Woodman en medio de la reserva indígena en Nuevo México. Pobre tipo: un ratón estaba haciendo un nido en su mochila. No sabemos cómo acabó allá tan lejos, y él tampoco lo dice.

El abuelo lo trajo a Utah para que me acompañara en el desfile del 4 de Julio. Me cansé muchísimo de sonreír y saludar a la multitud, pero la sonrisa valiente del Sr. Woodman me inspiró.

Acabo de despachar al Sr. Woodman con tres hermanas. Parecían unas viejitas muy amables, así que sé que lo cuidarán bien.

Con todo mi cariño,
Melissa Tso, Señorita Utah

P.D. Anexo una fotografía autografiada.

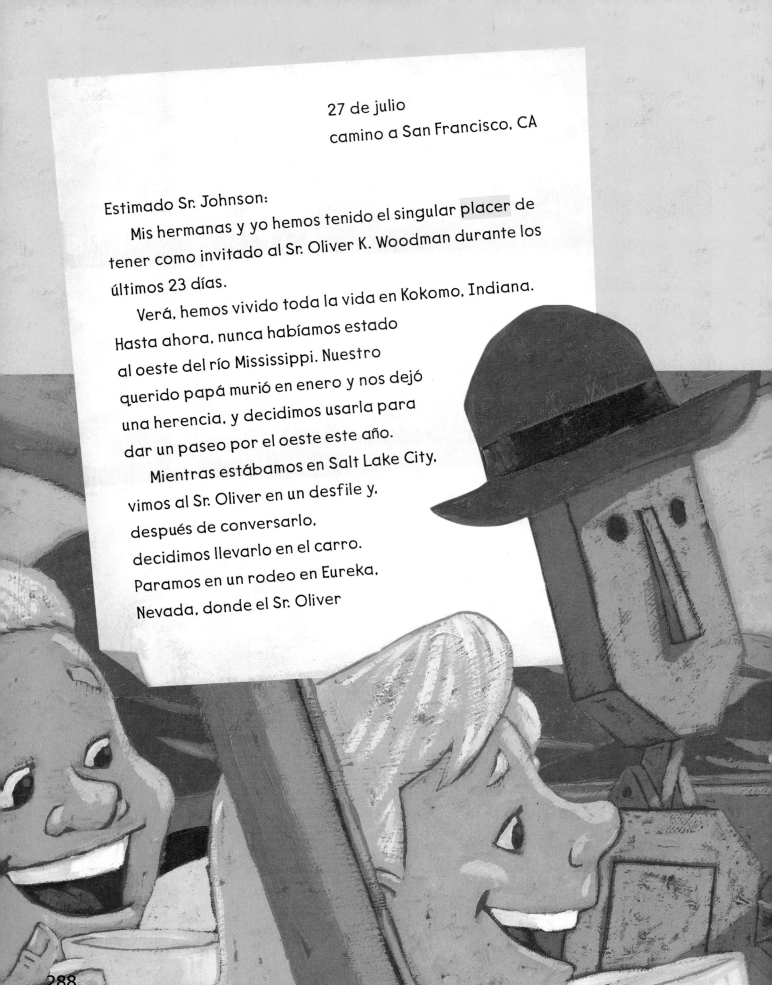

27 de julio
camino a San Francisco, CA

Estimado Sr. Johnson:

Mis hermanas y yo hemos tenido el singular placer de tener como invitado al Sr. Oliver K. Woodman durante los últimos 23 días.

Verá, hemos vivido toda la vida en Kokomo, Indiana. Hasta ahora, nunca habíamos estado al oeste del río Mississippi. Nuestro querido papá murió en enero y nos dejó una herencia, y decidimos usarla para dar un paseo por el oeste este año.

Mientras estábamos en Salt Lake City, vimos al Sr. Oliver en un desfile y, después de conversarlo, decidimos llevarlo en el carro. Paramos en un rodeo en Eureka, Nevada, donde el Sr. Oliver se encontró con un viejo amigo llamado Bert. Tuvieron un encuentro conmovedor.

Nos dirigimos al sur hacia San Francisco para ver el puente Golden Gate, así que ayer dejamos al Sr. Oliver en Rough and Ready, California. Debería llegar pronto a casa de la señorita Tameka.

Las hermanas Claremont
Agnes, Maggie y Lucinda

P.D. Tomamos el té todas las tardes. El Sr. Oliver tiene unos modales encantadores.

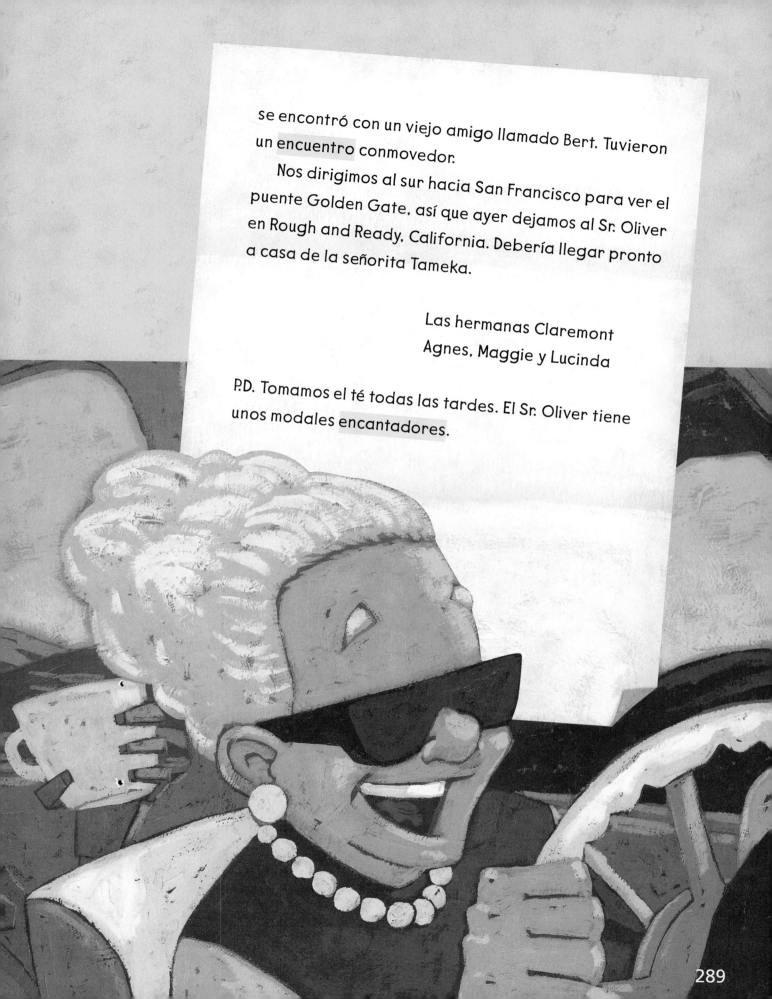

28 de julio
Para: Raymond Johnson
Ref: Sr. Oliver K. Woodman

Nuestra familia, que está actualmente de vacaciones, recogió a la persona citada anteriormente en lo que para mí era un gesto equivocado de buena voluntad. No imaginaba yo lo afortunado que sería ese gesto.

Anoche montamos las tiendas de campaña en el bosque Redwood. Me desperté a las 3:00 a. m. al oír gritos de terror. ¡Osos! Su amigo logró ahuyentarlos. Nos salvó la vida.

Con la más profunda y sincera gratitud, tenemos la intención de llevarlo hasta la puerta de la casa de Tameka Schwartz dentro de los próximos dos días.

Eternamente agradecido,
Bernard Grape,
Abogado

Raymond Johnson
Camino Stony 111
Rock Hill, SC
29730

1° de agosto
Redcrest, CA

Querido tío Ray:

¿Adivina quién vino a cenar? ¡Oliver!

¡Es tan divertido! Esta noche vamos a acampar en el jardín de atrás. He oído que no le tiene miedo a nada, así que me alegro de que vaya a estar ahí. Mañana, en el río, le dejaré sostener la caña de pescar mientras nado.

¿Adivina qué más? Papá y mamá lo han hablado: iremos a visitarte el mes que viene y llevaremos a Oliver de vuelta a casa. ¿No es maravilloso?

Con cariño,
Tameka
XOXOXOX

P.D. Tun, tun. ¿Quién es?
Teki.
¿Teki quién?
¡Teki-ero a ti y a Oliver!

El viaje de Oliver

GRAN DESFILE PARA HONRAR A MUCHACHO LOCAL

por Demetrius Dickson

Oliver K. Woodman regresará hoy a casa en medio de una aclamación pública a nivel nacional por su viaje a través del país. Woodman comenzó su viaje el 1º de junio en Rock Hill, Carolina del Sur, y llegó a Redcrest, California, el 1º de agosto.

El Concejo Municipal de Rock Hill anunció que hoy a las 10:00 a. m. se realizará un gran desfile con serpentinas en honor al Sr. Woodman, que comenzará en la esquina de las calles Main y Cherry, y bajará por la calle Cherry hasta llegar al parque Cherry.

Raymond Johnson y Tameka Schwartz, amigos del Sr. Woodman, invitan a un picnic en su honor al mediodía en el parque Cherry. A la 1:00 p. m., el Sr. Woodman mostrará postales y recuerdos de su viaje. El público está invitado.

Ahora analiza

Cómo analizar el texto

Usa estas páginas para aprender acerca de Secuencia de sucesos y Lenguaje formal e informal. Luego, vuelve a leer *El viaje de Oliver K. Woodman* para aplicar lo que has aprendido.

Secuencia de sucesos

El orden en que ocurren los sucesos en un cuento se llama **secuencia de sucesos.** En general, los cuentos tienen claves que ayudan al lector a seguir la secuencia. A veces, las claves son palabras como *primero, a continuación* y *por último.* En *El viaje de Oliver K. Woodman,* las claves son las fechas escritas al comienzo de cada carta.

El siguiente diagrama puede usarse para anotar la secuencia de sucesos del cuento. Una vez que hayas completado el diagrama, puedes usarlo como guía para encontrar las distintas partes del cuento. También puedes usarlo para describir cómo un suceso se desarrolla a partir de otros.

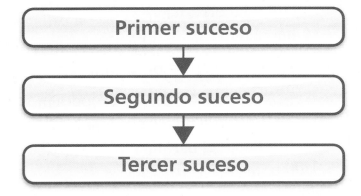

Primer suceso

↓

Segundo suceso

↓

Tercer suceso

RL.3.5 refer to parts of stories, dramas, and poems/describe how each part builds on earlier sections; **L.3.3b** recognize and observe differences between conventions of spoken and written standard language

Lenguaje formal e informal

El **lenguaje formal** es serio y educado. Las palabras son precisas y se eligen con cuidado. El **lenguaje informal** es más relajado. Es el lenguaje que se usa entre amigos.

El lenguaje escrito puede ser formal o informal. En *El viaje de Oliver K. Woodman,* algunas de las cartas son informales; parece que las personas están hablando. Algunos ejemplos son expresiones como *a cada rato, ¡hola!* y *pobre tipo.* Otras cartas usan formas del lenguaje más formales, como *singular placer.*

Es tu turno

REPASAR LA PREGUNTA ESENCIAL

Turnarse y comentar Repasa el cuento con un compañero y prepárate para comentar esta pregunta: *¿Cómo pueden comunicarse las personas a través de grandes distancias?* Mientras comentas la pregunta, cuenta tu propia experiencia y usa evidencia de la selección.

Comentar en la clase

Ahora comenta estas preguntas con la clase:

1. ¿Es más fácil o más difícil seguir el cuento observando la secuencia de sucesos? Explica tu respuesta.

2. ¿Qué información adicional sobre Oliver dan las ilustraciones?

3. ¿De qué manera Oliver K. Woodman ayuda al tío Ray y a Tameka a comunicarse?

ESCRIBE SOBRE LO QUE LEÍSTE

Respuesta Piensa en lo que sucede cuando Oliver ahuyenta a los osos en el bosque Redwood. ¿Qué diría Oliver si pudiera hablar? Escribe una carta como si fueras Oliver y explica cómo llegaste allí y qué sucedió cuando viste a los osos.

Sugerencia para la escritura

Mientras escribes la carta, usa adjetivos originales y verbos de acción para describir dónde te encuentras y qué sucede.

ESTÁNDARES COMUNES

RL.3.1 ask and answer questions to demonstrate understanding, referring to the text; **RL.3.5** refer to parts of stories, dramas, and poems/describe how each part builds on earlier sections; **RL.3.7** explain how illustrations contribute to the words; **W.3.10** write routinely over extended time frames or short time frames; **SL.3.1a** come to discussions prepared/explicitly draw on preparation and other information about the topic; **SL.3.1d** explain own ideas and understanding in light of the discussion; **L.3.1d** form and use regular and irregular verbs; **L.3.3a** choose words and phrases for effect

TEXTO INFORMATIVO

El transporte del correo de EE. UU.

Aprende en línea

El transporte del correo de EE. UU.

El Servicio Postal de Estados Unidos

El Servicio Postal de Estados Unidos ha ido cambiando con el tiempo. En la época colonial, diferentes personas colaboraban con la entrega de la correspondencia. A veces se lograba que las cartas llegaran a su destino, y otras veces, no.

Tiempos de entrega
Nueva York a San Francisco

1800

Pony Express 13-14 días en tren hasta Missouri, luego a caballo

Buscar

Son muchas las personas que comparten el placer de recibir cartas, pero nunca ha sido fácil entregarlas. Hoy en día, el Servicio Postal hace un esfuerzo sincero por entregar toda la correspondencia. Actualmente entrega cientos de millones de mensajes por día.

Cambios en el transporte

Las conversaciones por correo se han agilizado mucho. ¿Por qué? Porque el transporte ha mejorado: hace mucho tiempo la gente cargaba la correspondencia a pie, a caballo y en diligencias; ahora se monta en camiones o aviones para transportarla.

En 1775, Benjamin Franklin se convirtió en el primer Director General de Correos.

1900	2000

Ferrocarril transcontinental
7 días

Avión
6–7 horas

301

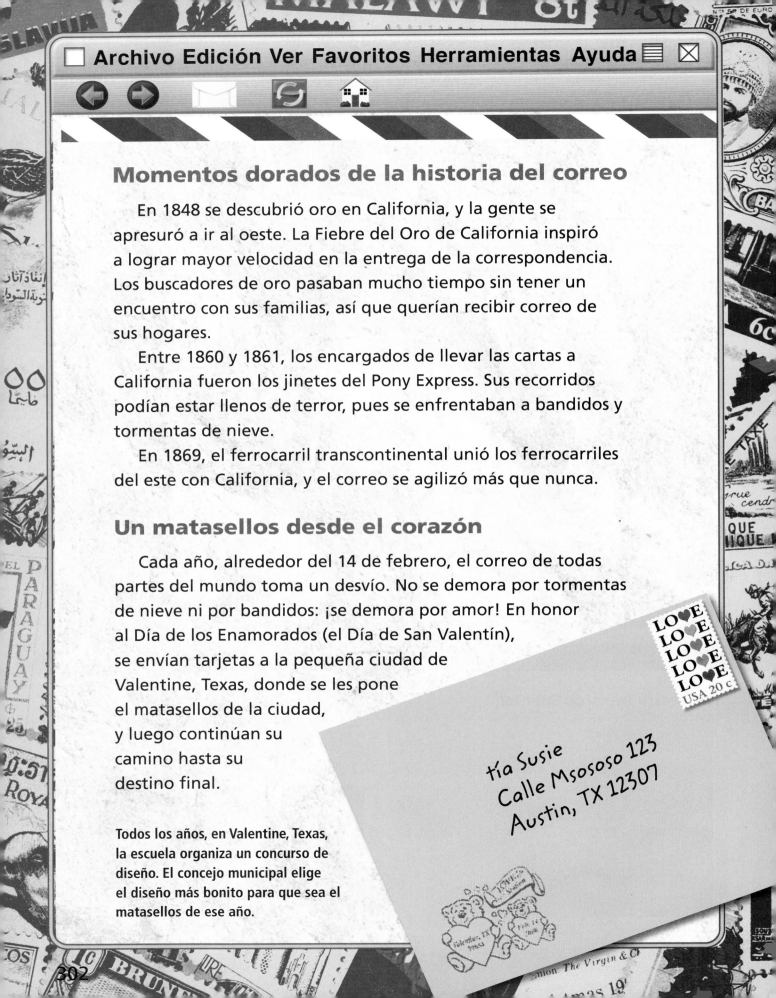

Momentos dorados de la historia del correo

En 1848 se descubrió oro en California, y la gente se apresuró a ir al oeste. La Fiebre del Oro de California inspiró a lograr mayor velocidad en la entrega de la correspondencia. Los buscadores de oro pasaban mucho tiempo sin tener un encuentro con sus familias, así que querían recibir correo de sus hogares.

Entre 1860 y 1861, los encargados de llevar las cartas a California fueron los jinetes del Pony Express. Sus recorridos podían estar llenos de terror, pues se enfrentaban a bandidos y tormentas de nieve.

En 1869, el ferrocarril transcontinental unió los ferrocarriles del este con California, y el correo se agilizó más que nunca.

Un matasellos desde el corazón

Cada año, alrededor del 14 de febrero, el correo de todas partes del mundo toma un desvío. No se demora por tormentas de nieve ni por bandidos: ¡se demora por amor! En honor al Día de los Enamorados (el Día de San Valentín), se envían tarjetas a la pequeña ciudad de Valentine, Texas, donde se les pone el matasellos de la ciudad, y luego continúan su camino hasta su destino final.

Todos los años, en Valentine, Texas, la escuela organiza un concurso de diseño. El concejo municipal elige el diseño más bonito para que sea el matasellos de ese año.

tía Susie
Calle Msososo 123
Austin, TX 12307

Comparar el texto

Comparar la entrega del correo Piensa en qué habría sucedido si Oliver K. Woodman hubiera viajado a California en el Pony Express. ¿Cómo habría cambiado su viaje? ¿En qué sería igual y en qué sería diferente? Usa evidencia del texto de *El transporte del correo de EE. UU.* para escribir un párrafo sobre su viaje por Pony Express.

EL TEXTO Y TÚ

Escribir una carta ¿Qué harías con Oliver K. Woodman si te visitara? Escribe una carta al tío Ray para contarle las aventuras que tendrías. Incluye la fecha, un saludo y un cierre. Usa un lenguaje amistoso e informal.

EL TEXTO Y EL MUNDO

Conectar con los Estudios Sociales Usa un mapa de carreteras de Estados Unidos para encontrar los lugares que visitó Oliver K. Woodman. Indica en qué dirección general viajó. Presenta un breve informe a un grupo de compañeros para contarles lo que aprendiste.

ESTÁNDARES COMUNES **RI.3.1** ask and answer questions to demonstrate understanding, referring to the text; **W.3.10** write routinely over extended time frames or short time frames; **SL.3.1a** come to discussions prepared/explicitly draw on preparation and other information about the topic; **SL.3.4** report on a topic or text, tell a story, or recount an experience/speak clearly at an understandable pace

Gramática

Posesión Hay varias formas de indicar posesión. Una de ellas es mediante la **preposición "de"** seguida de la persona o del animal que posee o tiene algo. Otra forma de indicar posesión es con un **adjetivo posesivo** seguido de la cosa que se posee. Los **pronombres posesivos** pueden ocupar el lugar de una palabra o una frase para indicar quién o qué posee algo. A diferencia de los adjetivos posesivos, los pronombres posesivos se usan solos.

Preposición "de" + sustantivo	Adjetivos posesivos	Pronombres posesivos
del niño	Singular: mi(s), tu(s), su(s)	Singular: mío(s)/ mía(s), tuyo(s)/ tuya(s), suyo(s)/ suya(s)
del perro	Plural: nuestro(s)/ nuestra(s), su(s)	Plural: nuestro(s)/ nuestra(s), suyo(s)/ suya(s)
la bicicleta del niño	mis juegos	La bicicleta es mía.
los juguetes del perro	nuestras chaquetas	Los libros son suyos.

Inténtalo

Copia las oraciones y rellena los espacios en blanco con el adjetivo o pronombre posesivo correcto.

1 _____ ladrido me despertó. (del perro)

2 Los juguetes que están sobre la mesa son _____. (del bebé)

3 Pero los juguetes que están en el piso son _____. (tú)

4 Nosotros, los estudiantes, alentamos a _____ equipo. (de los estudiantes)

Los buenos escritores usan adjetivos y pronombres posesivos para no repetir palabras y frases y para hacer que las oraciones sean más fluidas. Asegúrate de usar los adjetivos y pronombres posesivos correctos según la persona, el género y el número.

Oraciones repetitivas	Oraciones más fluidas
El mejor paseo que hice con mi familia fue la visita de mi familia al zoológico.	El mejor paseo que hice con mi familia fue nuestra visita al zoológico.
María les mostró las fotos a las amigas de María.	María les mostró las fotos a sus amigas.
"La foto del caimán es de María", dijo María.	"La foto del caimán es mía", dijo María.

Relacionar la gramática con la escritura

Mientras escribes tu diálogo, busca palabras y frases que hayas repetido y reemplázalas con adjetivos y pronombres posesivos. Asegúrate de que los adjetivos y pronombres posesivos sean correctos según la persona, el género y el número.

W.3.3a establish a situation and introduce a narrator or characters/organize an event sequence; **W.3.3b** use dialogue and descriptions to develop experiences and events or show characters' responses

Escritura narrativa

☑ **Voz** En *El viaje de Oliver K. Woodman*, puedes darte cuenta de cómo se siente Tameka cuando dice en una carta: "Eres mi tío favorito. ¡Por favor, di que vendrás!". Mientras revisas tu diálogo, asegúrate de que tus personajes hablen de manera que muestren sus sentimientos.

Ava escribió sobre dos niñas que hallaron una cueva. Cuando Ava revisó su borrador, hizo cambios que mostraron los sentimientos de las niñas.

Lista de control de la escritura

☑ **Ideas**
¿Mi diálogo es interesante?

☑ **Organización**
¿Mis lectores pueden darse cuenta de lo que está pasando?

☑ **Elección de palabras**
¿Usé palabras formales o informales que se adapten a mis personajes?

☑ **Voz**
¿Quedan claros los sentimientos de mis personajes?

☑ **Fluidez de las oraciones** ¿Usé diferentes clases de oraciones?

☑ **Convenciones**
¿Marqué la sangría en mis párrafos?

Borrador revisado

Mía y Jade estaban explorando el bosque detrás de su nueva casa.

¡Eh, mira! —susurró
—~~Encontré algo~~—dijo Mía.

¡Uy,   !   . Entremos.
—Es una cueva. ~~Entremos.~~—dijo Jade—

¿Estás bromeando?
—~~No, no quiero.~~

—¿Por qué?

—¡Podría haber osos adentro!

Jade sonrió.
    seas tonta.
—No ~~creo.~~ La Sra. Chen dijo que no hay osos por aquí.

La cueva

por Ava García

Mía y Jade estaban explorando el bosque detrás de su nueva casa.

—¡Eh, mira! —susurró Mía.

—¡Uy, una cueva! —dijo Jade—. Entremos.

—¿Estás bromeando?

—¿Por qué?

—¡Podría haber osos adentro!

Jade sonrió.

—No seas tonta. La Sra. Chen dijo que no hay osos por aquí.

—Bueno, yo estoy resfriada, y el Dr. David dice que los lugares húmedos son malos para los resfríos —dijo Mía.

—Solo estás asustada. Yo entro. Apuesto a que hay algo fantástico allí dentro.

—Bueno, está bien. Vamos —dijo Mía.

Las niñas dieron unos pasos en la oscura cueva. Se escuchó el aleteo de varios murciélagos que salieron volando de la cueva por encima de las cabezas de las niñas. Jade gritó y corrió hacia la salida.

—¡Ja, ja! ¡Ahora sabemos quién tiene miedo! —dijo Mía.

Leer como escritor

¿Qué partes te permiten saber realmente cómo se sienten las niñas? ¿En qué lugar puedes demostrar más claramente los sentimientos de tus personajes?

Agregué palabras que muestran los sentimientos de mis personajes. También me aseguré de escribir las abreviaturas correctamente.

VOCABULARIO CLAVE

travesía
lava
ondear
arribo
guiar
trenzar
a bordo
ancla
divisar
bahía

Librito de vocabulario

Tarjetas de contexto

ESTÁNDARES COMUNES — **L.3.6** acquire and use conversational, general academic, and domain-specific words and phrases

Vocabulario en contexto

1 travesía
La travesía del explorador a través del océano hasta Hawai duró más de un año.

2 lava
Las islas de Hawai se formaron de la lava, o roca fundida, de los volcanes.

3 ondear
Esta lava en Hawai ondeó hasta formar pequeñas olas negras al enfriarse.

4 arribo
Cuando llegan visitantes a Hawai, les dan la bienvenida a su arribo.

Aprende en línea

▶ Estudia cada Tarjeta de contexto.

▶ Relata un cuento sobre dos o más imágenes usando las palabras del Vocabulario.

5 **guiar**

Este hombre guiaba, o llevaba, a los turistas por un parque de Hawai.

6 **trenzar**

Estas niñas trenzaron flores con alambre para fijarlas a las coronas.

7 **a bordo**

Cada canoa de carrera lleva seis personas a bordo. Todas están sentadas.

8 **ancla**

Un ancla pesada mantiene este barco en su lugar cuando el barco se detiene.

9 **divisar**

Los turistas divisaron, o vieron, ballenas en el océano cerca de Hawai.

10 **bahía**

Se puede nadar, bucear o navegar en las aguas de esta bahía, o ensenada.

Leer y comprender

Aprende en línea

☑ DESTREZA CLAVE

Propósito del autor Mientras lees *Perro de las olas*, piensa en cómo el autor describe Hawai. Escribe detalles y evidencia del texto en un diagrama como el siguiente. Luego, usa la información para descubrir el **propósito del autor**, o la razón por la que escribió el cuento.

```
┌──────────┐  ┌──────────┐  ┌──────────┐
│Detalle del│  │Detalle del│  │Detalle del│
│  texto   │  │  texto   │  │  texto   │
└──────────┘  └──────────┘  └──────────┘
      ↘           ↓           ↙
┌────────────────────────────────────┐
│        Propósito del autor         │
└────────────────────────────────────┘
```

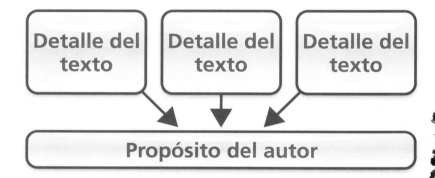

☑ ESTRATEGIA CLAVE

Preguntar Mientras lees, hazte **preguntas** sobre el texto si hay algo que no comprendes. Usa evidencia del texto para responder tus preguntas.

ESTÁNDARES COMUNES

RL.3.1 ask and answer questions to demonstrate understanding, referring to the text

Los volcanes

Las islas hawaianas son exuberantes, verdes y hermosas. Es difícil creer que se formaron de la roca burbujeante y al rojo vivo que surgió de las profundidades de la Tierra. Cuando la roca fundida se enfrió, se endureció, se convirtió en tierra y formó islas. A las islas llegaron plantas, como las palmeras, y animales, como las focas. Con el tiempo, también llegaron personas.

En *Perro de las olas*, leerás un cuento sobre cinco jóvenes que exploraron estas islas volcánicas hace mucho tiempo. Descubrirás lo que sucede cuando uno de los volcanes se despierta de su inactividad.

TEXTO PRINCIPAL

CONOCE AL AUTOR E ILUSTRADOR

James Rumford

James Rumford, habitante de Hawai desde hace mucho tiempo, espera que sus lectores aprendan a *aloha ʻāina*, es decir, a "querer estas islas" tanto como él. Distribuidos por las páginas de *Perro de las olas* hay dibujos de plantas y animales que se encuentran en Hawai. Muchas de estas especies están en peligro de extinción. Rumford las incluyó para mostrar que la belleza natural de Hawai necesita de nuestra protección.

 DESTREZA CLAVE

Propósito del autor Usa los detalles del texto para descubrir por qué un autor escribe una selección.

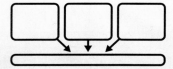

 GÉNERO

La **ficción realista** es un relato que podría ocurrir en la vida real. Mientras lees, busca:

▶ sucesos y personajes realistas,

▶ una trama que tenga un comienzo, un desarrollo y un final, y

▶ detalles que ayuden al lector a imaginar el entorno.

ESTÁNDARES COMUNES **RL.3.1** ask and answer questions to demonstrate understanding, referring to the text; **RL.3.7** explain how illustrations contribute to the words; **RL.3.10** read and comprehend literature

 Aprende en línea

Perro de las olas

olas

por James Rumford

PREGUNTA ESENCIAL

¿Qué cambios producen los volcanes?

Cinco hermanos exploran las
islas hawaianas. Manu, el
hermano menor, le salva la
vida a una foca herida y los
dos se convierten en amigos. Cuando
llega el momento en el que los hermanos
deben volver a casa, Manu no está seguro
de si volverá a ver a su amiga.

Caracol arborícola de Oahu

En los tiempos en los que el Sol, la Luna y las estrellas guiaban hasta estas islas a las aves que llevaban semillas en la barriga, cuando las olas del océano traían madera flotante repleta de vida, cuando las tormentas traían aves asustadas en las nubes e insectos en el viento, las islas hawaianas se volvieron verdes y exuberantes.

Los peces hacían ondear el agua de los arroyos y las lagunas, y en los bosques destellaban las plumas de las aves y las alas multicolores de los insectos.

Lábrido *Stethojulis balteata*

315

Las islas hawaianas dieron la bienvenida a todas las formas de vida que habían realizado el larguísimo viaje hasta sus costas. Y, hace unos dos mil años, acogieron a las primeras personas que llegaron.

En esos días de las primeras canoas, las primeras pisadas y las primeras fogatas, cinco hermanos llegaron desde su hogar, lejos en el sur, para explorar estas islas: Hōkū, que amaba las estrellas, Nāʻale, que amaba el mar, ʻŌpua, que amaba las nubes, Makani, que amaba el viento, y Manu, que amaba las aves.

Mariposa Kamehameha

Una noche, poco después de su arribo, Hōkū dijo:

—¿Ven ahí, hermanos, esa nueva estrella que he descubierto? ¡Siempre señala el Norte!

Todos, excepto Manu, miraron hacia arriba a la resplandeciente Estrella del Norte. Todos, excepto Manu, comenzaron a hablar con entusiasmo acerca de todas las demás cosas nuevas que habían descubierto.

—¡Cosas nuevas! —exclamó Manu—. Echo de menos las cosas viejas. ¿Dónde están los cocos, los plátanos y las batatas? ¿Y qué hay de los cerdos, los pollos y los perros?

—Iremos a casa y traeremos esas cosas de vuelta cuando regresemos —dijo Hōkū.

—¿Vamos a regresar? —gritó Manu—. Yo no quiero regresar acá, solo quiero ir a casa.

Sin embargo, regresar a casa significaba una larga travesía en el océano y quedaba mucho por hacer antes de que pudieran marcharse: recoger alimentos y agua, y reparar las velas. Así que nadie habló.

Al día siguiente, cuando los hermanos exploraban una laguna, Manu divisó un animal echado al borde del agua.

—¡Es un perro, hermanos! ¡Un perro!

¡Por fin! ¡Algo familiar en esta tierra extraña!

Sin embargo, cuando se acercaron, vieron que no se parecía a ninguno de los perros que conocían: tenía aletas en lugar de patas, cola de pez y cuerpo de delfín. Y estaba muy malherido.

Manu intentó calmar al animal. Le llevó agua fresca y le limpió la herida. Construyó un refugio contra el sol y mantuvo húmedo el pelaje del animal con agua de mar.

Los hermanos dejaron solo a Manu. No tenían tiempo para un animal moribundo. Tenían que prepararse para el largo viaje por mar que los llevaría de vuelta a casa.

Pero el animal no murió.

—Te llamaré "Perro de las olas" —dijo Manu al tercer día, mientras le daba de comer pescado.

Al final de la semana, los dos nadaron juntos por primera vez y, antes de que pasara mucho tiempo, ya estaban jugando a la roña entre las olas. Manu inventó una canción boba:

Perro de las olas,
Perro sin patas,
Perro sin orejas,
Perro que no menea la cola,
¡Somos amigos!

Molusco *Jenneria pustulata*

Manu soltó una risita y Perro de las olas le hizo cosquillas en la mejilla con sus bigotes.

—Ven, ayúdame a secar bayas y raíces para el viaje a casa —gritó
Hōkū.

—Necesitamos pescado —lo regañó Nāʻale.

—Hay que recoger agua —le dijo ʻŌpua, con el ceño fruncido.

—Y hay que reparar las velas —gritó Makani.

Pero Manu fingió no escucharlos. En cambio, él y Perro de
las olas jugaron juntos y se metieron en todo tipo de problemas.
Aterrorizaron a los peces que Nāʻale intentaba pescar. Hicieron
un revoltijo en la playa donde Hōkū estaba secando los alimentos.
Jugaron con las cuerdas de Makani y accidentalmente tiraron por
la borda las calabazas de ʻŌpua, con lo que hicieron tropezar a
Makani, que cayó al agua.

Nadie se rió: separaron a los dos y pusieron a Manu a trabajar.

Manu recolectó bayas para Hōkū; pescó para Nāʻale; fue a buscar agua para ʻŌpua y trenzó cuerdas para Makani. Pero todas las tardes, después de realizar su trabajo, se escabullía para encontrarse con su amigo y los dos jugaban en las olas hasta que era demasiado oscuro para ver. Después, Manu nadaba hasta la costa y Perro de las olas se iba a cazar su comida.

Después de muchos meses de arduo trabajo, la embarcación estaba finalmente lista para partir. En el último momento, Manu se zambulló para decirle adiós a Perro de las olas. Mientras los hermanos llamaban a gritos a Manu para que subiera a bordo, Perro de las olas rozó con sus bigotes la mejilla de Manu y, luego, desapareció debajo de las olas.

Frambuesa hawaiana

Los hermanos navegaron hacia el sur, a lo largo de la cadena de islas. Cuando llegaron a la última isla, 'Ōpua dijo:

—¿Es eso una nube en la ladera de esa montaña o es humo? Vamos a ver.

Con curiosidad, los hermanos anclaron la embarcación en una bahía apacible y nadaron hasta la playa.

A medio camino de su ascenso por la montaña, Makani sintió un viento cálido y dudó, pero sus hermanos le dijeron que no se preocupara.

Después de unos cuantos pasos más, Manu observó que las aves estaban en silencio, pero sus hermanos no prestaron atención.

Entonces, ¡una sacudida!

La tierra se levantó y arrojó a los hermanos al suelo. Aparecieron grietas profundas y, después, llamas.

Hōkū tomó fuertemente la mano de Manu y los hermanos huyeron montaña abajo. Pero un río de fuego cortó su paso al mar y los obligó a dirigirse a los acantilados.

La tierra se estremeció y los cinco hermanos saltaron... al distante mar abajo.

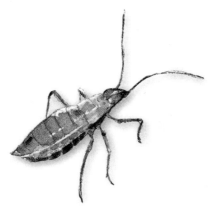

Chinche Wekiu

ANALIZAR EL TEXTO

Analizar las ilustraciones ¿Cómo te ayuda la ilustración a sentir lo que se describe en el texto?

323

Pero el mar en el que cayeron era como un monstruo: se batía por los terremotos y siseaba por la lava ardiente. Arremetió contra los hermanos y atrapó a Manu. En un instante, este había desaparecido.

Makani llenó de aire los pulmones y descendió hasta las profundidades mismas del océano, pero no había señales de Manu. ʻŌpua, con su voz como trueno, llamó a Manu a gritos, por encima de las olas que rompían con fuerza, pero no hubo respuesta. Nāʻale, que amaba el mar, le rogó que se calmara, pero el mar no lo escuchó.

Morena dragón

Durante todo este tiempo, Manu luchaba para salir a la superficie, pero el mar no lo soltaba. Entonces, sintió los bigotes. Manu rodeó a Perro de las olas con los brazos y los dos subieron hasta la superficie.

Cangrejo boxeador

Fue Hōkū el que los divisó. Los hermanos nadaron rápidamente hacia Manu y lo sostuvieron con cuidado por encima de las olas.

—¡Manu, Manu! —gritaban una y otra vez, mientras se dirigían al bote. Y a Perro de las olas le dieron las gracias con un canto:

Perro que nada en las profundidades,

Perro que se enfrenta a las corrientes,

Perro que conoce el mar,

Perro que cuida a nuestro hermano.

Después, los hermanos levaron el ancla y se dirigieron al mar del sur, de vuelta a casa. Manu se quedó de pie en la cubierta y escuchó a Perro de las olas ladrar su adiós.

—¡Regresaremos! —gritó Manu.

Araña de cara feliz

Y cuando regresaron, lo hicieron con sus familias.
Adoptaron esa tierra e hicieron de ella su hogar.

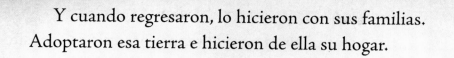

ANALIZAR EL TEXTO

Propósito del autor Di lo que crees que el autor quiere enseñar a los lectores con el cuento sobre estos hermanos.

Ahora analiza

Cómo analizar el texto

Usa estas páginas para aprender acerca de Propósito del autor y Analizar las ilustraciones. Luego, vuelve a leer *Perro de las olas* para aplicar lo que has aprendido.

Propósito del autor

Los autores escriben por diferentes razones. El **propósito del autor** puede ser informar, persuadir a los lectores para que hagan o crean algo, describir o entretener. A veces, el autor tiene más de un propósito.

Como ayuda para identificar el propósito del autor, piensa en la evidencia que se encuentra en el texto del cuento. ¿Por qué se incluyeron determinados detalles?

Vuelve a leer la página 316 de *Perro de las olas.* En esa página, el autor presenta el entorno y los personajes. Ya puedes darte cuenta de que es un cuento que sucede en un pasado muy lejano. Mientras lees, piensa de qué manera otros detalles indican la razón del autor para escribir el cuento.

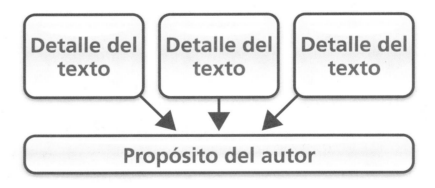

```
[Detalle del    [Detalle del    [Detalle del
   texto]          texto]          texto]
                     │
                     ▼
          [Propósito del autor]
```

RL.3.1 ask and answer questions to demonstrate understanding, referring to the text; **RL.3.7** explain how illustrations contribute to the words

Aprende en línea

Analizar las ilustraciones

Las **ilustraciones,** como las pinturas de *Perro de las olas,* muestran los sucesos de un cuento. También pueden crear un **estado de ánimo**, o sentir, del cuento. Por ejemplo, en la ilustración de la página 324, los hermanos se ven asustados. Las olas azules y oscuras son altas y peligrosas. Manu es arrastrado por el mar. El estado de ánimo es tenso y atemorizante.

Es tu turno  *mi* Escritura genial

Turnarse y comentar Repasa el cuento con un compañero y prepárate para comentar esta pregunta: *¿Qué cambios producen los volcanes?* Túrnate con tu compañero para hablar y escuchar atentamente. Apoya tus ideas con evidencia del texto tomada del cuento.

 Comentar en la clase

Para continuar comentando *Perro de las olas*, explica tus repuestas a estas preguntas:

1. ¿En qué se parece Manu a sus hermanos? ¿En qué se diferencia?

2. ¿Qué aprenden los hermanos de Perro de las olas?

3. ¿Qué cosas aprendiste de Hawai en este cuento?

ESCRIBE SOBRE LO QUE LEÍSTE

Respuesta Describe qué sienten los hermanos con respecto a Perro de las olas cuando lo ven por primera vez, poco después del comienzo del cuento. ¿Qué sienten con respecto a él durante el desarrollo del cuento? ¿Cómo cambian sus sentimientos en el final? Escribe un párrafo en el que respondas a estas preguntas. Usa evidencia del texto para apoyar tus respuestas.

Sugerencia para la escritura

Organiza las ideas de tu párrafo en una secuencia. Usa palabras y frases de enlace, como *primero, luego, después* y *por último*, para mostrar cómo se relacionan las ideas.

Aprende en línea

ESTÁNDARES COMUNES

RL.3.1 ask and answer questions to demonstrate understanding, referring to the text; **W.3.2a** introduce a topic and group related information/include illustrations; **W.3.2b** develop the topic with facts, definitions, and details; **W.3.2c** use linking words and phrases to connect ideas within categories of information; **W.3.10** write routinely over extended time frames or short time frames; **SL.3.1a** come to discussions prepared/explicitly draw on preparation and other information about the topic; **SL.3.1d** explain own ideas and understanding in light of the discussion

333

TEXTO INFORMATIVO

La tierra que construyeron los volcanes

☑ GÉNERO

Un **texto informativo** da información basada en hechos sobre un tema principal. El texto que sigue es un artículo de revista.

☑ ENFOQUE EN EL TEXTO

Un **diagrama** es un dibujo que muestra cómo funciona algo.

ESTÁNDARES COMUNES **RI.3.7** use information gained from illustrations and words to demonstrate understanding; **RI.3.10** read and comprehend informational texts

La tierra que construyeron los volcanes

por Patricia Ann Lynch

Las islas de Hawai se extienden a lo largo de muchas millas de océano. La cadena está formada por ocho islas grandes y 124 pequeñas.

Cada una es, en realidad, el pico de una montaña que se asoma del mar. ¿Cómo se formaron estas islas? La respuesta es: por los *volcanes*.

Aprende en línea

¿Qué es un volcán?

Un volcán es una abertura, o respiradero, que baja hasta las profundidades de la Tierra. En esas profundidades, hace tanto calor que la roca se funde. La roca fundida se llama "magma".

A veces, el magma es impulsado hacia arriba y sale del volcán. Entonces, se llama "lava". La lava se enfría, se endurece y se va acumulando. Con el tiempo, puede llegar a formar una montaña alta. De esa manera se formó cada una de las islas hawaianas.

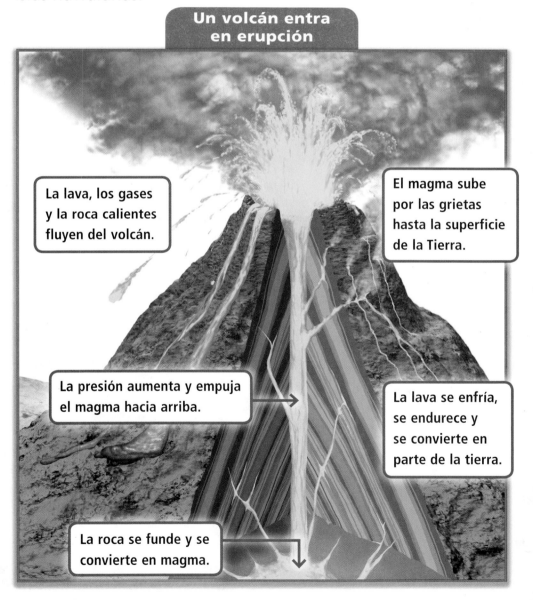

Un volcán entra en erupción

La lava, los gases y la roca calientes fluyen del volcán.

El magma sube por las grietas hasta la superficie de la Tierra.

La presión aumenta y empuja el magma hacia arriba.

La lava se enfría, se endurece y se convierte en parte de la tierra.

La roca se funde y se convierte en magma.

Llega la vida

Al principio, las islas estaban desiertas. Las olas ondeaban en las costas vacías. La vida llegó mucho después: el viento y el agua transportaron semillas de plantas; algunos animales marinos, como las focas monje, llegaron nadando; otros animales hicieron su travesía a bordo de objetos que flotaban en el mar; el arribo de las aves trajo canciones.

Las primeras personas llegaron desde otras islas en canoas. Las guiaron las estrellas a través del océano Pacífico. Los viajeros divisaron las islas. Echaron anclas en una bahía tranquila y desembarcaron. Las nuevas islas eran buenos lugares donde vivir: había suficiente agua para beber y mucha comida; las hojas del cocotero podían usarse para construir refugios techados; las fibras del coco podían trenzarse para formar cuerdas resistentes. Esas personas se convirtieron en los primeros hawaianos.

En Hawai, hoy viven personas provenientes de China, Japón, Samoa, Filipinas y otros países.

Comparar el texto

Comparar descripciones Piensa en cómo entra en erupción el volcán de *Perro de las olas*. Con un compañero, compara y contrasta esa descripción con lo que aprendiste sobre los volcanes en *La tierra que construyeron los volcanes.* Usa evidencia de ambos textos para explicar tus ideas.

EL TEXTO Y TÚ

Escríbelo Imagina que eres uno de los hermanos de *Perro de las olas*. Escribe una descripción de lo que verías al llegar a una de las islas. Usa la información de *Perro de las olas* y de *La tierra que construyeron los volcanes* como guía.

EL TEXTO Y EL MUNDO

Analizar las relaciones Repasa con un compañero *Aero y el policía Miguel* de la Lección 14. Piensa en la relación que el policía Miguel tiene con Aero. ¿En qué se parece esa relación de la vida real a la relación de Manu con Perro de las olas? ¿En qué se diferencia? Comenta tus respuestas con tu compañero.

ESTÁNDARES COMUNES **RL.3.1** ask and answer questions to demonstrate understanding, referring to the text; **RI.3.1** ask and answer questions to demonstrate understanding, referring to the text; **RI.3.9** compare and contrast important points and details in texts on the same topic; **W.3.10** write routinely over extended time frames or short time frames

Gramática

 Aprende en línea

Oraciones complejas Una **oración compleja** tiene dos partes. La parte principal puede existir por sí misma como una oración simple. La otra parte se llama **cláusula dependiente.** No puede existir por sí misma como una oración porque no expresa un pensamiento completo. La cláusula dependiente está unida a la parte principal mediante una palabra conectora llamada **conjunción subordinante.** Algunas conjunciones subordinantes son *porque, cuando* y *si*.

Parte principal	Cláusula dependiente

Un volcán es peligroso porque la lava está muy caliente.

La lava se convierte en roca cuando se enfría.

Deberías visitar los volcanes de Hawai si puedes.

 **Inténtalo** **Copia cada oración. Luego, subraya la parte principal de la oración con una línea y la cláusula dependiente con dos líneas.**

❶ Una isla se forma cuando una montaña se asoma en el mar.

❷ Fuimos a Hawai porque mi abuela vive allí.

Escribe una oración compleja con cada par de oraciones simples. Usa la conjunción subordinante que está entre paréntesis.

❸ Caminaremos por los alrededores del volcán. (si) Tenemos tiempo.

❹ Mi abuela se mudó a Hawai. (cuando) Yo nací.

Muchas oraciones simples cortas una detrás de la otra pueden sonar entrecortadas. Tu redacción puede ser más interesante si incluyes algunas oraciones complejas. Aquí tienes más conjunciones subordinantes que puedes usar:

aunque   como   mientras

También puedes empezar una oración con una cláusula dependiente seguida de una coma.

Oración simple	Oración simple

La lava salía del volcán.	Nos quedamos lejos.

Oraciones complejas

Mientras la lava salía del volcán, nos quedamos lejos.
Nos quedamos lejos mientras la lava salía del volcán.

 ## Relacionar la gramática con la escritura

Mientras revisas tu ficción narrativa la semana próxima, incluye algunas oraciones complejas. Si dos oraciones simples suenan entrecortadas, únelas con una conjunción subordinante.

W.3.3a establish a situation and introduce a narrator or characters/organize an event sequence; **W.3.3b** use dialogue and descriptions to develop experiences and events or show characters' responses; **W.3.3d** provide a sense of closure; **W.3.5** develop and strengthen writing by planning, revising, and editing

Escritura narrativa

Taller de lectoescritura: Preparación para la escritura

✔ **Ideas** Una vez que hayas elegido un tema principal para tu cuento, o **ficción narrativa,** explora ese tema. Piensa en él y llena una página con tus ideas.

Louis decidió escribir un cuento sobre pioneros. Comenzó por anotar detalles sobre los personajes, el entorno y la trama. Luego, hizo un mapa del cuento y agregó aun más detalles.

Lista de control del proceso de escritura

▶ **Preparación para la escritura**

☑ ¿Elegí un tema principal que disfrutaremos mi público y yo?

☑ ¿Decidí cómo son mis personajes y el entorno?

☑ ¿Planeé un buen comienzo, un buen desarrollo y un buen final?

☑ ¿Pensé en suficientes detalles?

Hacer un borrador

Revisar

Corregir

Publicar y compartir

Explorar un tema principal

¿Quién? una familia en una carreta cubierta
madre, padre, hijo

¿Dónde y cuándo? un desierto
alrededor de 1850

¿Qué? atascados en una tormenta de arena
incómodos y asustados

Mapa del cuento

Entorno

el desierto en 1850, durante una tormenta de arena, dentro de una carreta cubierta, calurosa y repleta de muebles

Personajes

Sam: asustado, cansado de esperar

Mamá: optimista

Papá: calmo, alegre, buen narrador de cuentos

Trama

Comienzo   Sam y su familia llevan diez horas atascados en una tormenta de arena.

Desarrollo   Sam tiene calor y está asustado. Papá le dice que no se preocupe. Mamá habla sobre su nuevo hogar en el Oeste.

Final   Papá relata un cuento a Sam. El cuento de Papá tranquiliza a Sam hasta que termina la tormenta.

Leer como escritor

¿Cuáles de los detalles de Louis te ayudan a imaginarte lo que sucede? ¿Qué detalles puedes agregar a tu propio mapa del cuento para aclarar la trama?

Cuando organicé mi ficción narrativa, agregué más detalles.

Vocabulario en contexto

☑ VOCABULARIO CLAVE

aproximarse
sección
avalancha
incrementarse
equipo
tanque
ladera
altitud
éxito
detenerse

Librito de vocabulario

Tarjetas de contexto

L.3.6 acquire and use conversational, general academic, and domain-specific words and phrases

---

1 aproximarse
Los alpinistas se aproximaban a la cima. Se acercaban poco a poco.

2 sección
La sección, o parte, superior de esta montaña es la más empinada.

3 avalancha
En las avalanchas, la nieve cae con fuerza y puede derribar los árboles.

4 incrementarse
En una tormenta, se incrementa el riesgo para los alpinistas, es decir, se hace mayor.

Aprende en línea

▶ Estudia cada Tarjeta de contexto.

▶ Haz una pregunta que use una de las palabras del Vocabulario.

---

5 equipo

Antes de salir, los alpinistas revisan todo su equipo.

---

6 tanque

Los tanques de oxígeno ayudan al alpinista a respirar en el aire de la cumbre.

---

7 ladera

Las suaves laderas de la parte inferior de la montaña son las más fáciles de escalar.

---

8 altitud

La altitud, o altura, del pico Granite, en Montana, es 12,799 pies.

---

9 éxito

Todos tienen la meta de alcanzar la cima. ¡Si lo planifican bien, tendrán éxito!

---

10 detenerse

Todos los alpinistas se detienen cuando oscurece. Paran durante la noche.

Leer y comprender

Aprende en línea

☑ DESTREZA CLAVE

Características del texto y de los elementos gráficos Mientras lees *Montañas: Sobrevivir en el monte Everest,* observa cómo el autor usa **características del texto** y **elementos gráficos,** como encabezamientos, mapas, diagramas y tablas, para explicar la información y presentarla de forma clara. Usa una tabla como la siguiente para hacer una lista de las características del texto y de los elementos gráficos de esta selección. Piensa en por qué el autor las usa y qué aportan a la información del texto.

Característica del texto o del elemento gráfico	Página	Propósito

☑ ESTRATEGIA CLAVE

Inferir/Predecir Usa las características del texto y de los elementos gráficos para **predecir** lo que aprenderás e **inferir,** o deducir, lo que el autor considera más importante sobre el tema principal.

RI.3.5 use text features and search tools to locate information; **RI.3.7** use information gained from illustrations and words to demonstrate understanding

ESTÁNDARES COMUNES

344

Las montañas

Las montañas son accidentes geográficos elevados que se encuentran en todo el mundo. Algunas son altas y están cubiertas de nieve. Otras son redondeadas y están cubiertas de árboles. Hay otras que son volcanes que despiden humo. Las más comunes son las montañas de plegamiento, como los Alpes, que están en Europa. Estas montañas se crearon hace mucho tiempo, cuando dos placas de la corteza terrestre chocaron.

En *Montañas: Sobrevivir en el monte Everest,* leerás sobre un niño de 16 años que escala el monte Everest, la montaña más alta de la Tierra.

TEXTO PRINCIPAL

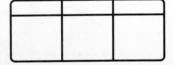

☑ DESTREZA CLAVE

Características del texto y de los elementos gráficos

Indica cómo las características del texto y de los elementos gráficos te ayudan a hallar la información.

☑ GÉNERO

Un **texto informativo** proporciona datos sobre un tema principal. Mientras lees, busca:

▶ encabezamientos que indiquen el contenido de las secciones,

▶ fotografías y pies de foto, y

▶ elementos gráficos, como mapas y diagramas.

ESTÁNDARES COMUNES · **RI.3.2** determine the main idea/recount details and explain how they support the main idea; **RI.3.5** use text features and search tools to locate information; **RI.3.7** use information gained from illustrations and words to demonstrate understanding

CONOCE AL AUTOR
Michael Sandler

Michael Sandler disfruta de las aventuras extremas. Le encanta viajar y ha estado al pie del monte Everest, la montaña más alta del mundo. Hace varios años, mientras viajaba por África, se perdió en el Sahara, el desierto más grande del mundo. Esa aventura quizá lo ayudó más adelante a escribir *Deserts: Surviving in the Sahara (Desiertos: Sobrevivir en el Sahara)*.

Otros libros extremos escritos por Sandler son *Oceans: Surviving in the Deep Sea (Océanos: Sobrevivir en las profundidades marinas)* y *Rain Forests: Surviving in the Amazon (Bosques tropicales: Sobrevivir en la selva amazónica)*.

Aprende en línea

Montañas

Sobrevivir en el monte Everest

por Michael Sandler

PREGUNTA ESENCIAL

¿Por qué deben estar bien preparados los escaladores?

Escalar el monte Everest

El reloj señalaba casi la medianoche. La temperatura era glacial. Rugían los vientos helados.

En una cresta rocosa se acurrucaba un grupo de personas en la oscuridad. En instantes comenzarían la etapa final de un viaje peligroso: estaban ascendiendo hasta la cima del monte Everest, la montaña más alta del mundo.

Entre los alpinistas se encontraba Temba Tsheri Sherpa. Apenas dos semanas antes, Temba había celebrado su cumpleaños número 16. Ahora estaba intentando sobrevivir en uno de los lugares más extremos del mundo. Llegar a la cumbre del monte Everest era el sueño de Temba. Sería la persona más joven en llegar a la cumbre, a 29,035 pies (8,850 metros) de altura.

¿Qué son las montañas?

Las montañas son un tipo de accidente geográfico elevado. Se alzan muy por encima del área que las rodea. Las montañas son más altas que las colinas y pueden elevarse en el aire miles de pies (o kilómetros). Se hallan en todas partes del mundo, incluso en el fondo del mar.

Una cadena de montañas se denomina "cordillera". La cordillera más grande de América del Norte está constituida por las montañas Rocosas. La Cordillera de los Andes, en América del Sur, es la cordillera más larga del mundo.

El monte Everest, la montaña que escalaba Temba, forma parte de la cordillera del Himalaya. El nombre Himalaya significa "hogar de la nieve". Esta cordillera asiática es la más alta del mundo. Allí se encuentran nueve de las diez montañas más altas de la Tierra.

Las montañas cubren la cuarta parte de la superficie de tierra firme de nuestro planeta.

Condiciones montañosas

A medida que Temba se aproximaba a la cumbre del Everest, la supervivencia se hacía cada vez más difícil. Cuanto más alto se asciende, más extremas se vuelven las condiciones de las montañas.

El aire contiene cada vez menos oxígeno a medida que se incrementa la altitud. Respirar resulta casi imposible. El aire de poca densidad puede causar jaquecas y mareos a 10,000 pies (3,048 metros) de altura. Más arriba, puede ser mortal.

Los seres humanos no pueden sobrevivir durante mucho tiempo en la sección superior de las montañas como el Everest: los vientos huracanados pueden alcanzar una velocidad de 130 millas por hora (209 kph), las temperaturas pueden descender abruptamente hasta –100 °F (–73 °C) durante la noche y las ráfagas de nieve dificultan la visión. Allá se dirigía Temba.

La congelación sucede cuando hace tanto frío que las manos, los pies y otras partes del cuerpo se congelan hasta quedar rígidas. La congelación puede hacer que se pierdan los dedos de las manos o de los pies, e incluso la nariz.

¿Por qué la gente escala montañas?

La gente escala montañas por muchas razones: algunas personas disfrutan de la emoción de estar por encima de las nubes; a otras les gusta el reto de poner a prueba sus destrezas.

Sin embargo, llegar a la cima del Everest fue, durante décadas, una prueba que ningún alpinista lograba superar. Los primeros intentos de escalar el Everest se realizaron durante la década de 1920. Una y otra vez, los equipos de escaladores tuvieron que detenerse sin lograr la meta: las avalanchas, las tormentas, las enfermedades y el agotamiento los obligaban a parar.

Luego, en 1953, dos escaladores tuvieron éxito finalmente: Sir Edmund Hillary y Tenzing Norgay. Sir Hillary era originario de Nueva Zelandia, y Norgay era un sherpa de Nepal.

ANALIZAR EL TEXTO

Características del texto y de los elementos gráficos Estas páginas incluyen encabezamientos, un pie de foto y un recuadro con hechos. ¿Qué tipo de información proporcionan estas características del texto?

Sir Edmund Hillary (a la izquierda) y Tenzing Norgay (a la derecha) exhiben su equipo de supervivencia en 1953.

El error de Temba

Temba ya había intentado una vez escalar el Everest, pero en esa ocasión había fracasado.

"No tenía suficiente entrenamiento ni el equipo apropiado", dijo Temba. Estaba casi en la cima cuando se le agotó el oxígeno.

Sin oxígeno, Temba no podía pensar con claridad y cometió un error terrible: se quitó los guantes para amarrarse las botas, y se le congelaron los dedos. Temba sufrió la congelación en ambas manos y tuvo que regresar cuando estaba a apenas 70 pies (21 metros) de la meta.

La vez siguiente, sin embargo, Temba estaba preparado: se había entrenado arduamente y tenía el equipo apropiado, gracias a sus compañeros de clase y a sus maestros, que habían recaudado dinero para su viaje.

Equipo de supervivencia

TRAJE DE ASCENSO: para protegerse del frío

GUANTES: para mantener las manos calientes y secas

LENTES: para proteger los ojos de los rayos dañinos del sol y de su reflejo en la nieve

MÁSCARAS Y TANQUE DE OXÍGENO: para poder respirar a grandes alturas

PIOLET: para ayudar a ascender las laderas y romper el hielo

CUERDAS DE ESCALAR: para escalar las laderas

BASTONES PARA SENDERISMO: para ayudar al alpinista a mantener el equilibrio

BOTAS DE MONTAÑA: con carramplones que se agarran en la nieve y el hielo

De campamento en campamento

El segundo intento de Temba comenzó en abril de 2001. El monte Everest se encuentra entre Nepal y el Tíbet. Hay varias rutas diferentes hasta la cima. Temba tomaría una ruta desde el norte, del lado tibetano.

Los escaladores se trasladan de un campamento al siguiente, situado más arriba, y descansan ahí un tiempo. En cada campamento sus cuerpos se acostumbran a las altitudes cada vez mayores. Temba pasó varias semanas trasladándose de un campamento a otro con su equipo.

En el Campamento 3, el equipo esperó a que el tiempo mejorara. El invierno había terminado, pero hubo una serie de tormentas muy fuertes, y quedar atrapado más arriba en la montaña durante una tormenta de nieve sería fatal.

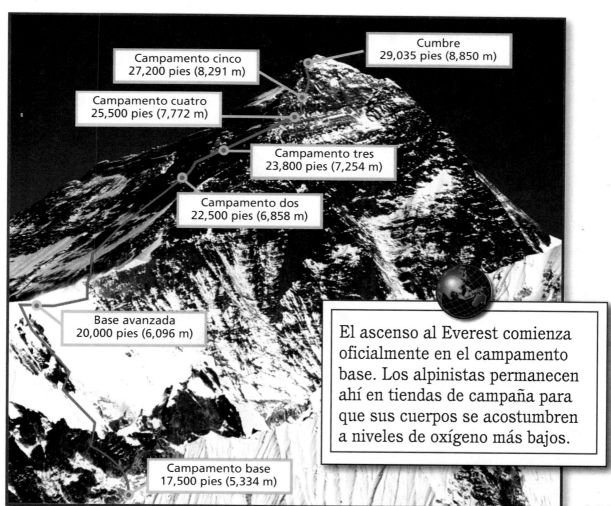

Cumbre
29,035 pies (8,850 m)

Campamento cinco
27,200 pies (8,291 m)

Campamento cuatro
25,500 pies (7,772 m)

Campamento tres
23,800 pies (7,254 m)

Campamento dos
22,500 pies (6,858 m)

Base avanzada
20,000 pies (6,096 m)

El ascenso al Everest comienza oficialmente en el campamento base. Los alpinistas permanecen ahí en tiendas de campaña para que sus cuerpos se acostumbren a niveles de oxígeno más bajos.

Campamento base
17,500 pies (5,334 m)

El ascenso por la cornisa

El 20 de mayo, el equipo de Temba llegó al campamento 4. Luego, los escaladores se dirigieron por la gran cornisa que lleva a la cima. Temba hundió su piolet en las paredes de hielo, arrastrando su cuerpo hacia arriba, y resistió vientos que soplaban a 50 millas por hora (80 kph). Sin embargo, continuó ascendiendo cada vez más.

Temba tenía que moverse rápidamente o moriría: la oscuridad lo detuvo antes de alcanzar el campamento 5, y su equipo se le había adelantado. Afortunadamente, Temba halló una tienda de campaña, donde pasó la noche solo y asustado.

Al día siguiente, Temba se reunió con su equipo. Llegaron al campamento 6, donde les faltaba un solo día de ascenso para llegar a la meta.

ANALIZAR EL TEXTO

Ideas principales y detalles ¿Qué detalles del texto apoyan la idea de que escalar el monte Everest es peligroso y difícil?

Los alpinistas tienen que tener mucho cuidado: sin previo aviso, pueden caerles encima torres de hielo.

Los alpinistas usan escaleras de aluminio para atravesar las profundas grietas que hay en el hielo, llamadas "fisuras". Las fisuras se abren y se cierran constantemente, por lo que son muy peligrosas.

357

Llegar al techo del mundo

Justo antes de la medianoche, Temba comenzó su ascenso final. Una linterna frontal que llevaba en la cabeza le iluminaba la oscuridad; una máscara de oxígeno lo ayudaba a respirar. A veces se detenía para descansar o para cambiar los tubos de oxígeno.

Justo después del alba, Temba llegó a la cima del monte Everest: estaba en un punto más alto que el de cualquier otra persona del planeta. Temba plantó dos banderas, una por su escuela y la otra por Nepal. "¡Me sentí tan feliz!", dijo.

Es peligroso que los alpinistas pasen más de diez minutos en la cima del Everest: el cuerpo necesita bajar a una altitud menor, donde hay más oxígeno.

Temba fue la persona más joven en escalar el monte Everest.

¿Sobrevivirán las montañas?

Temba sobrevivió en las montañas. Ahora quiere asegurarse de que sobrevivan las montañas. Las montañas del mundo se enfrentan a muchas amenazas.

La basura es uno de los problemas. Durante una época, al Everest lo llamaban el "basurero más alto del mundo". La montaña estaba plagada de basura, con toneladas de desperdicios que dejaban tras de sí los escaladores: pilas, botellas y tanques de oxígeno vacíos. Muchos alpinistas no tuvieron ni el tiempo ni la fuerza necesarios para transportar estas cosas consigo de vuelta en su descenso.

Los escaladores han dejado basura en el Everest desde 1921. En la actualidad, mucha gente intenta limpiar esa suciedad.

El calentamiento global es otro problema. A medida que la Tierra se recalienta, los glaciares de las montañas se están derritiendo. Los lagos del Himalaya se están llenando de agua. Cuando se desborden, los paisajes montañosos cambiarán para siempre.

En 2005, el glaciar que está en la cima del monte Kilimanjaro, en Tanzania, se derritió por primera vez en la historia.

Después del ascenso

Cuando Temba descendió del Everest pensaba en comer, no en la fama: después de pasar semanas acampando, se moría por una comida casera.

Sin embargo, cuando llegó en avión a Katmandú, su ciudad, lo esperaba una gran multitud. Temba no lo podía creer: "Nunca había visto tantas cámaras juntas[...]. Todas me apuntaban a mí", dijo.

A pesar de la atención pública, Temba se concentró en su trabajo escolar. Necesitaba una buena educación para alcanzar su otro sueño: fundar una escuela en Dolakha.

¿Tendrá éxito Temba? Solo el tiempo lo dirá. Sin embargo, si has sobrevivido en el Everest y has alcanzado la cima, ¡ninguna meta te parece demasiado alta!

Katmandú es la
capital de Nepal,
y su ciudad
más grande.

Temba sonreía ante
los admiradores que lo
recibieron en el aeropuerto
de Katmandú, después de
su ascenso exitoso al
monte Everest.

Ahora analiza

Cómo analizar el texto

Usa estas páginas para aprender acerca de Características del texto y de los elementos gráficos e Ideas principales y detalles. Luego, vuelve a leer *Montañas: Sobrevivir en el monte Everest* para aplicar lo que has aprendido.

Características del texto y de los elementos gráficos

En los textos informativos, como *Montañas: Sobrevivir en el monte Everest,* el autor puede usar muchos tipos de texto y elementos gráficos para presentar la información.

Las **características del texto** incluyen encabezamientos que anticipan el contenido de las secciones. Los pies de foto identifican lo que se ve en las fotografías. Los datos de los recuadros pueden desarrollar la información que aparece en el texto.

Los **elementos gráficos** pueden incluir un mapa para ayudar a los lectores a ubicar un lugar. Un diagrama rotulado muestra las partes de algo. Las fotos e ilustraciones muestran el aspecto de las cosas.

Vuelve a leer las páginas 348 a 351. ¿Cómo puedes obtener más información sobre las montañas?

Característica del texto o del elemento gráfico	Página	Propósito

RI.3.2 determine the main idea/recount details and explain how they support the main idea; **RI.3.5** use text features and search tools to locate information; **RI.3.7** use information gained from illustrations and words to demonstrate understanding

ESTÁNDARES COMUNES

Aprende en línea

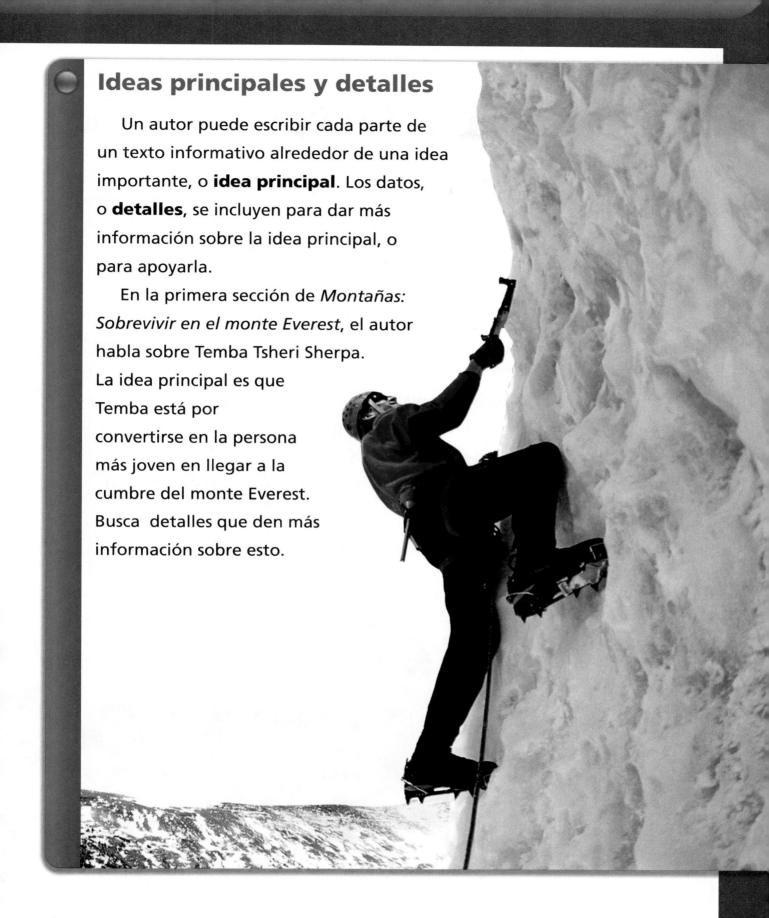

Ideas principales y detalles

Un autor puede escribir cada parte de un texto informativo alrededor de una idea importante, o **idea principal**. Los datos, o **detalles**, se incluyen para dar más información sobre la idea principal, o para apoyarla.

En la primera sección de *Montañas: Sobrevivir en el monte Everest*, el autor habla sobre Temba Tsheri Sherpa. La idea principal es que Temba está por convertirse en la persona más joven en llegar a la cumbre del monte Everest. Busca detalles que den más información sobre esto.

Es tu turno

Turnarse y comentar Repasa la selección con un compañero y prepárate para comentar esta pregunta: *¿Por qué deben estar bien preparados los escaladores?* Usa las características del texto para hallar evidencia que apoye tus ideas.

Comentar en la clase

Para continuar comentando *Montañas: Sobrevivir en el monte Everest*, explica tus respuestas a estas preguntas:

1. ¿Qué aprende Temba de su experiencia sobre la manera correcta de escalar el monte Everest?

2. ¿Por qué piensas que Temba se sorprende con la multitud que lo recibe en Katmandú?

3. ¿Te gustaría escalar una montaña? ¿Por qué?

ESCRIBE SOBRE LO QUE LEÍSTE

Respuesta Piensa en por qué Temba quería llegar a la cima del monte Everest. Escribe un párrafo en el que describas y expliques su sueño. Usa evidencia de la selección para apoyar tus opiniones.

Sugerencia para la escritura

Cuando describas el sueño de Temba y el monte Everest, elige adjetivos y adverbios precisos para crear una imagen vívida.

Aprende en línea

ESTÁNDARES COMUNES RI.3.1 ask and answer questions to demonstrate understanding, referring to the text; RI.3.5 use text features and search tools to locate information; W.3.1a introduce the topic, state an opinion, and create an organizational structure; SL.3.1a come to discussions prepared/explicitly draw on preparation and other information about the topic; SL.3.1d explain own ideas and understanding in light of the discussion; L.3.3a choose words and phrases for effect

Limpieza a gran altura

por Kate McGovern

☑ GÉNERO

Una **obra de teatro** cuenta una historia a través de las palabras y acciones de los personajes. Está escrita para que se pueda representar ante un público.

☑ ENFOQUE EN EL TEXTO

Las **acotaciones** son las partes de las obras de teatro que dan información sobre los personajes y el entorno.

Reparto

SCOTT, líder del equipo "Senderos limpios"

TALIA, miembro del equipo

RICKY, miembro del equipo

(*Un equipo especial se prepara para quitar la basura del parque Sunshine Point*).

SCOTT. A mucha gente le encanta escalar y acampar en estas colinas, pero algunos dejan basura. ¡Nosotros ayudaremos a limpiarlas! ¿Todos tienen su equipo?

ESTÁNDARES COMUNES **RL.3.5** refer to parts of stories, dramas, and poems/describe how each part builds on earlier sections; **RL.3.10** read and comprehend literature

TALIA. *(Mostrando sus bolsas para la basura).* Yo sí. Estas bolsas son para bajar la basura.

RICKY. Con estas botas de montaña nos será más fácil escalar las colinas.

(Llegan a un campamento sucio).

SCOTT. *(Mirando alrededor y frunciendo el ceño).* Muchos excursionistas se detuvieron aquí para descansar cuando se aproximaban a la próxima colina. ¡Dejaron botellas, recipientes de comida y hasta una tienda de campaña!

RICKY. ¡Las personas no deberían tratar los lugares al aire libre como si fueran basureros! La naturaleza está para que la disfrutemos todos.

TALIA. ¡Recojamos la basura! No queremos que la basura sea arrastrada al río cuando llegue la primavera y se derrita la nieve.

SCOTT. *(Haciéndoles señas para que avancen).* ¡Vamos! Esta es la última sección que hay que escalar.

TALIA. Esta sección es mucho más difícil de escalar en invierno. ¡Me alegra que al guardaparque se le haya ocurrido colocar esta cuerda!

SCOTT. Cuando lleguemos a la cima, nos detendremos a descansar. Es un día despejado, así que deberíamos poder ver la ciudad desde allí arriba.

RICKY. No veo la hora de tomar un descanso. Recordemos llevarnos los envoltorios de la comida cuando bajemos.

SCOTT. ¡Sí! Si todos hacemos nuestra parte, Sunshine Point podrá permanecer limpio por mucho tiempo.

Comparar el texto

Comparar actividades Compara y contrasta la aventura de Temba en el monte Everest con lo que hacen los personajes de *Limpieza a gran altura*. Usa evidencia del texto, fotografías e ilustraciones para apoyar tus opiniones. ¿Qué clase de equipo usan para escalar? ¿Qué quieren hacer para ayudar a la montaña?

EL TEXTO Y TÚ

Escalar una montaña ¿Te gustaría escalar el monte Everest, como hizo Temba en la selección? ¿Por qué? Comenta tu opinión con un compañero. Escúchense y háganse preguntas.

EL TEXTO Y EL MUNDO

Trabajar en lugares extremos Vuelve a leer *La vida en el hielo,* de la Lección 20. Piensa en la vida de los científicos en la Antártida. ¿En qué se parece a la vida de un escalador en el monte Everest? ¿En qué se diferencia? Comparte tus ideas con un compañero. Usa evidencia de los textos para apoyar tus respuestas.

Aprende en línea

ESTÁNDARES COMUNES
RL.3.7 explain how illustrations contribute to the words; **RI.3.1** ask and answer questions to demonstrate understanding, referring to the text; **RI.3.7** use information gained from illustrations and words to demonstrate understanding; **RI.3.9** compare and contrast important points and details in texts on the same topic

Gramática

Adverbios de grado Puedes usar **adverbios de grado**
para hacer descripciones y comparaciones.

- Para describir una cosa o una acción, puedes usar los
  adverbios de grado *mucho, bastante* o *poco.*

- Para comparar dos cosas o acciones, puedes usar los
  adverbios de grado *más* o *menos.*

- Para comparar más de dos cosas, puedes usar los
  adverbios de grado *más* o *menos* precedidos de *el* o *la,*
  o el adverbio de grado *muy.* Para comparar más de dos
  acciones, puedes usar el adverbio de grado *muy.*

Describir	Comparar dos	Comparar más de dos
Escalar el monte Everest es bastante difícil.	Este camino es más empinado que aquel.	Este camino es muy seguro.
Hay que subir algo despacio.	Ella caminó menos cuidadosamente que yo.	Estas botas calientan muy rápido.

Inténtalo **Escribe las oraciones con la forma correcta del
adjetivo o del adverbio que está entre paréntesis.**

1. Este cuento es _____ que he leído. (muy emocionante,
   el más emocionante)

2. De todos los que escalaron el monte Everest, Temba es
   _____ joven. (más, el más)

3. El viento ruge _____ de noche que de día. (más fuerte,
   el más fuerte)

4. La cima es _____ que la base. (más fría, muy fría)

Cuando usas adjetivos y adverbios, puedes ayudar a los lectores a imaginar tus ideas. Los adjetivos y los adverbios describen cómo son las cosas o cómo ocurren las acciones. Si quieres hacer comparaciones, piensa en qué vas a comparar y en cuántas cosas o acciones son. Luego, elige el adverbio de grado correcto para modificar a los adjetivos o los adverbios.

Elige guantes bastante abrigados.

Usa botas de una talla más grande que la que sueles usar.

Escalarás la próxima montaña muy fácilmente si usas cuerdas resistentes.

 Relacionar la gramática con la escritura

Mientras escribes tu ficción narrativa, busca lugares donde puedas usar adverbios de grado para hacer descripciones y comparaciones con adjetivos y adverbios. Elige la forma correcta para comparar dos o más cosas o acciones.

ESTÁNDARES COMUNES

W.3.3a establish a situation and introduce a narrator or characters/organize an event sequence; **W.3.3b** use dialogue and descriptions to develop experiences and events or show characters' responses; **W.3.3c** use temporal words and phrases to signal event order; **W.3.3d** provide a sense of closure; **W.3.5** develop and strengthen writing by planning, revising, and editing

Escritura narrativa

Taller de lectoescritura: Revisar

☑ **Elección de palabras** Los buenos escritores tratan de hacerte sentir lo que sienten sus personajes. Usan palabras descriptivas para ubicarte en el medio de los sucesos. Mientras revisas tu **ficción narrativa,** usa palabras que hagan tu redacción más emocionante.

Louis hizo un borrador de un cuento sobre una familia atascada en una tormenta de arena. Cuando lo revisó, añadió algunas palabras más descriptivas y palabras de secuencia.

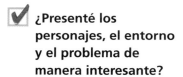
Lista de control del proceso de escritura

Preparación para la escritura

Hacer un borrador

▶ **Revisar**

☑ ¿Presenté los personajes, el entorno y el problema de manera interesante?

☑ ¿Se muestra en el desarrollo del cuento cómo los personajes se ocupan del problema?

☑ ¿Muestra el final cómo se resolvió el problema?

☑ ¿Usé palabras de secuencia para mostrar cuándo ocurrieron los sucesos?

Corregir

Publicar y compartir

Borrador revisado

La tormenta de arena había estado soplando durante ~~mucho tiempo~~ *diez horas*. Sam y sus padres ~~estaban~~ *se escondían* dentro de su carreta cubierta. El viento soplaba más rápido *y más fuerte* de lo que Sam podía recordar. ~~También más fuerte.~~ La arena se ~~movía~~ *arremolinaba* en torno a ellos.

Sam y su familia se mudaban al Oeste.

La tormenta de arena

por Louis Hudson

La tormenta de arena había estado soplando durante diez horas. Sam y sus padres se escondían dentro de su carreta cubierta. El viento soplaba más rápido y más fuerte de lo que Sam podía recordar. La arena se arremolinaba en torno a ellos.

Sam y su familia se mudaban al Oeste. Ya hacía dos semanas que estaban en el camino. Su carreta estaba llena de todas sus cosas. Apenas había espacio suficiente para sentarse. Sudoroso y con calor, Sam preguntó:

—¿Cuánto tendremos que esperar? —Le temblaba la voz.

Papá le dijo que no se preocupara. La tormenta terminaría pronto. Mamá hablaba de cómo sería su nueva vida. Había vivido en la ciudad llena de gente y polvo durante treinta años. Ahora, soñaba con vivir en el campo.

Luego, papá comenzó a contar historias de su niñez. Tenía tres hermanos, ¡y había muchas aventuras para contar! Sam disfrutó tanto las historias que dos horas después, cuando la tormenta terminó, casi ni se dio cuenta.

Leer como escritor

¿Qué palabras muestran cómo se siente Sam? ¿En qué lugar de tu cuento puedes hacer cambios para mostrar lo que experimentan los personajes?

En mi trabajo final, usé palabras más descriptivas para mostrar cómo se sentían mis personajes. También combiné oraciones.

Lee los cuentos "El gran día" y "Protagonizado por María".
Mientras lees, detente y responde a las preguntas usando
evidencia del texto.

El gran día

A María le parecía que la familia entera se comportaba
de manera ridícula por el cumpleaños de quince años de su
hermana Lucy. Los padres de María eran mexicanos, donde la
tradición era hacer una gran fiesta para una niña cuando cumplía
quince años. La fiesta se conoce como "fiesta de quinceañera".

Al principio, María estaba tan entusiasmada con la fiesta
como Lucy. Iban a colocar una tienda en el patio y una banda
tocaría allí. Los abuelos de María vendrían desde México.
Lucy no paraba de decir que todo sería maravilloso, pero
María comenzó a sentir que lo maravilloso vendría cuando
la fiesta terminara.

¡Planear la fiesta era tan trabajoso! María estaba a cargo de
reunir todas las direcciones para las invitaciones y escribirlas
en la computadora. Había impreso un rótulo con la dirección
para cada sobre. También había ayudado a hacer hermosas
decoraciones. Les había dedicado muchas horas a estas tareas,
pero los demás estaban tan ocupados preparándose para la
fiesta de Lucy que María sentía que nadie lo había notado.

> **1** ¿A qué tareas les había dedicado mucho tiempo María?
> Incluye ejemplos del cuento en tu respuesta.

La noche anterior a la fiesta, María estaba en su habitación
cuando Lucy golpeó a su puerta.

—Tengo algo que mostrarte —dijo Lucy—. Lo compré con
el dinero que gané cuidando niños.

 ESTÁNDARES COMUNES **RL.3.1** ask and answer questions to demonstrate understanding, referring to the text; **RL.3.3** describe characters and explain how their actions contribute to the sequence of events; **RL.3.5** refer to parts of stories, dramas, and poems/describe how each part builds on earlier sections; **RL.3.9** compare and contrast themes, settings, and plots of stories by the same author

Lucy le dio a María una pequeña caja. María la abrió y encontró un collar que brillaba al reflejar la luz. Supuso que Lucy lo había comprado para usarlo en la fiesta.

—¡Lucy, es hermoso! —exclamó.

—Me alegro de que te guste —dijo Lucy—, ¡porque lo compré para ti! Has ayudado tanto para que todo esté listo para mi fiesta. ¡Esta es mi manera de agradecerte!

 ¿Qué muestra el final sobre la clase de persona que es Lucy? Usa detalles del cuento para apoyar tu respuesta.

Protagonizado por María

Capítulo uno
La buena noticia

María no veía la hora de compartir la noticia con sus padres y su hermana Lucy. Para el momento en que todos se sentaron a la mesa para cenar, sentía que estaba por explotar de emoción.

—¡Nunca adivinarán lo que pasó hoy! —exclamó. El resto de la familia celebró cuando María anunció que le habían dado el papel principal en la obra de teatro de la escuela.

—Es un papel muy importante, así que tengo muchas líneas que aprender —explicó, con un poco menos de entusiasmo.

—No te preocupes por eso, María —le dijo Lucy—. Te ayudaré a aprender tus líneas y las ensayaré contigo.

Después de la cena, las niñas se apuraron para terminar su tarea y poder comenzar a ensayar. Lucy ayudó a María todos los días, y María mejoraba cada vez más.

Capítulo dos
La gran noche de María

Las semanas de arduo trabajo habían pasado, y había llegado la noche de la obra de la clase. María se asomó desde los bastidores y vio que el auditorio estaba repleto. Se puso contenta porque sus padres y Lucy habían conseguido asientos en las primeras filas.

Cuando salió al escenario, María se sentía un poco nerviosa. ¡Imaginen si cometía un error frente a todas esas personas! Sin embargo, en cuanto dijo su primera línea, comenzó a sentirse mejor. Todo el tiempo de ensayo con Lucy había sido muy útil.

 ¿Cómo influyen los sucesos que leíste en el Capítulo uno en los sucesos del Capítulo dos?

Luego, cuando había pasado la mitad de la obra, llegó el desastre. El personaje de María debía alentar a uno de los demás personajes. ¡Pero María no podía recordar su siguiente línea! Miró frenéticamente a su alrededor y notó que Lucy estaba inclinada hacia adelante y movía la boca en silencio. María la observó con atención.

—Lo estás haciendo muy bien —decía Lucy.

Al principio, María pensó que Lucy simplemente estaba tratando de alentarla, pero luego se dio cuenta de lo que Lucy realmente estaba haciendo. María se volvió hacia el otro personaje y dijo su siguiente línea:

—Lo estás haciendo muy bien.

La obra continuó, y María también supo que lo estaba haciendo muy bien.

 ¿En qué se parecen y en qué se diferencian el tema y la trama de estos dos cuentos del mismo autor?

Glosario

Este glosario te puede ayudar a encontrar el significado de algunas de las palabras de este libro. Los significados están dados según el uso de la palabra en el libro. A veces también se les da un segundo significado.

A

a bordo *frase preposicional.*
Sobre, en o dentro de un buque: *El capitán nos invitó a subir **a bordo** del buque.*

absorber *verbo.*
Atraer o incorporar algo de manera que penetre: *Las aspiradoras **absorben** el polvo.*

accidente *sustantivo.*
Suceso o hecho sin intención e inesperado que puede causar daño para una persona o una cosa: *La falta de visibilidad en esa curva puede causar un **accidente** de tránsito.*

actualmente *adverbio.*
Que sucede en el tiempo presente; ahora: ***Actualmente,** se presentan dos películas que ganaron premios internacionales.*

almacenar *verbo.*
Reunir o guardar en gran cantidad: *La ardilla listada **almacena** su comida para el invierno. Durante el verano, las hormigas **almacenan** comida para el invierno.*

altitud *sustantivo.*
Elevación o distancia de un punto sobre el nivel del mar: *El avión volaba a 10,000 pies de **altitud.***

ancla *sustantivo.*
Instrumento pesado de hierro que cuelga de una cadena y que se arroja al mar para sujetar la nave: *El **ancla** del buque es gigantesca.*

apenas *adverbio.*
Tan solo, difícilmente: ***Apenas** nos alcanza el dinero para colaborar con la alfabetización.*

aproximarse *verbo.*
Acercarse: *Miró hacia arriba y vio que **se aproximaba** a la cumbre. Las niñas no **se aproximaban** a la pista de baile.*

arribo *sustantivo.*
Llegada a un lugar: *A las tres de la tarde será el **arribo** de la comitiva presidencial al palacio de gobierno.*

áspero *adjetivo.*
Que no es suave al tacto: *La parte exterior de una piña es **áspera**, pero la cáscara de un plátano es suave.*

atemorizar *verbo.*
Causar temor o miedo: *Cuando oímos el oso, nos **atemorizamos** tanto que recordaremos el momento por mucho tiempo.*

atronador *adjetivo.*
Sonido ensordecedor que aturde: *La tormenta tenía un sonido **atronador.***

avalancha *sustantivo.*
Alud o gran masa de nieve que se desprende de una montaña y cae con violencia y estrépito: *Después de la gran **avalancha** no se pudo volver a usar la pista de esquí.*

B

bahía *sustantivo.*
Entrada del mar en la costa, mayor que la ensenada y generalmente menor que el golfo: *El barco hizo escala en la **bahía** para evitar el mal tiempo.*

base *sustantivo.*
Parte más baja; pie de una montaña: *Acampamos en la **base** del acantilado.*

basura *sustantivo.*
Conjunto de cosas que no sirven o desperdicios que se tiran: *Los desperdicios se echan en la bolsa de la **basura.***

C

canal *sustantivo.*
Conducto hueco y fino: *El gusano forma un **canal** pequeño dentro de la tierra.*

capa *sustantivo.*
Lo que cubre o baña algo: *Una sola **capa** de pintura no es suficiente como protección.*

carga *sustantivo.*
Cosa pesada o difícil de transportar: *A menudo se usan mulas para transportar una **carga.***

clima *sustantivo.*
Conjunto de condiciones atmosféricas que caracterizan un lugar: *El **clima** de montaña se caracteriza por el frío intenso y las abundantes nevadas.*

colonia *sustantivo.*
Grupo de seres que viven juntos: *¿Vivirías en una **colonia** en Marte?*

complicado *adjetivo.*
Que se compone de muchos elementos diversos; difícil de hacer o solucionar: *Este problema de matemáticas es muy **complicado.***

consolar *verbo.*
Hacer que alguien se sienta menos triste: *Los amigos de Rosa trataron de **consolarla** cuando se enteró de que no había entrado en el equipo de fútbol.*

constante *adjetivo.*
Que dura, sin pausa: *La humedad* **constante** *era muy molesta para algunos turistas.*

contaminación *sustantivo.*
Acto de ensuciar o el conjunto de impurezas que ensucian: *Las fábricas contribuyen a la* **contaminación** *atmosférica.*

conversación *sustantivo.*
Charla o diálogo: *La* **conversación** *con mi amigo duró más de dos horas.*

crujir *verbo.*
Hacer cierto ruido algunos cuerpos cuando rozan unos con otros o se rompen: *Me encanta oír cómo* **cruje** *el papel cuando abro un paquete.*

cubierto *forma verbal (adjetivo).*
Que está debajo de una capa de algo: *Un árbol está* **cubierto** *de corteza.*

D

desenterrar *verbo.*
Sacar o descubrir quitando la tierra que lo cubre: *El perro* **desenterró** *un hueso del jardín. Los científicos* **desenterraron** *unos restos de un dinosaurio.*

desplazarse *verbo.*
Mudarse o cambiar de lugar: *Para los pingüinos es más fácil* **desplazarse** *sobre el pecho. El buque* **se desplazó** *lentamente.*

detenerse *verbo.*
Hacer un alto; parar: *Hay que* **detenerse** *cuando vemos una luz roja. Los carros* **se detuvieron** *cuando el agente hizo la señal.*

disolverse *verbo.*
Mezclar o incorporar algo en un líquido: *Los polvos* **se disuelven** *en el agua. El azúcar* **se disuelve** *en el café.*

divisar *verbo.*
Ver o percibir, aunque con poca claridad: *El marinero* **divisó** *a lo lejos el faro. Los marineros* **divisaron** *a lo lejos las torres del castillo.*

dramático *adjetivo.*
Capaz de interesar y conmover: *El marinero tuvo un momento* **dramático** *al navegar a través de la tormenta.*

E

encantador *adjetivo.*
Que produce una muy viva y grata impresión: *¿Dónde has encontrado a ese niño tan* **encantador***?*

encuentro *sustantivo.*
Reunión de dos o más personas en un lugar: *Después de su famoso* **encuentro** *en Guayaquil, los dos generales no se vieron más.*

enterrado *forma verbal (adjetivo).*
Que está bajo tierra: *Hallaron varios esqueletos **enterrados** junto a la capilla.*

envase

envase *sustantivo.*
Recipiente o vaso que se usa para conservar, guardar o transportar un producto: *Los arándanos se venden en un **envase** reciclable.*

equipo *sustantivo.*
Grupo de personas organizadas o de instrumentos para realizar una actividad: *El **equipo** de fútbol practica todos los sábados. Los alpinistas necesitan un **equipo** especial para escalar montañas.*

esqueleto *sustantivo.*
Conjunto de huesos que da consistencia al cuerpo de los vertebrados, armazón: *El **esqueleto** humano está formado por más de doscientos huesos.*

estampar *verbo.*
Hacer chocar algo contra otra cosa: *Estaba tan enojado que **estampó** el libro contra el suelo.*

gotear

evidencia *sustantivo.*
Objetos, muestras y observaciones que demuestran algo: *Los patrones de desgaste en los útiles de piedra son buena **evidencia** del curtido de cueros de llama en el Perú prehistórico.*

éxito *sustantivo.*
Resultado feliz o muy bueno de algo: *Espero que tengas **éxito** en todo lo que intentes en la vida.*

F

feroz *adjetivo.*
Que obra con fiereza y violencia: *Los animales salvajes pueden ser **feroces**.*

fósil *sustantivo.*
Sustancia petrificada de origen orgánico que se halla en las capas terrestres y que vivió en una época geológica anterior: *Los **fósiles** que se encuentran en las pilas de basura prehistóricas dan gran cantidad de datos sobre la vida silvestre y humana.*

G

garra *sustantivo.*
Mano o pie del animal, cuando tiene uñas fuertes y agudas: *El cachorro de león jugaba con su mamá y le mostraba las **garras**.*

gélido *adjetivo.*
Helado o muy frío: *El viento **gélido** me helaba la piel.*

gotear *verbo.*
Caer gota a gota: *El hielo del techo está **goteando** porque se está derritiendo. Una gotera **gotea** en la sala.*

guiar *verbo.*
Ir delante mostrando el camino: *Es bien sabido que los navegantes se **guiaban** por las estrellas hace mucho tiempo. Muchos barcos se **guiaron** por el faro que hay en la bahía.*

guirnalda *sustantivo.*
Tira ornamental hecha con flores, hojas u otras cosas entretejidas: *Al llegar a Hawai, los turistas fueron recibidos con **guirnaldas** de flores.*

H

heroico *adjetivo.*
Como un héroe; valiente: *Los **heroicos** bomberos rescataron a las personas del edificio en llamas.*

I

ignorar *verbo.*
Desconocer un asunto o no prestar atención: *Mis amigos **ignoraban** dónde estaba el gato de Pedro. Mi hermana **ignora** que le tengo un regalo.*

incrementarse *verbo.*
Hacer crecer el tamaño, el número o la materia de algo: *Cerca de la cumbre, **se incrementa** la presión.*

inesperado *adjetivo.*
Que no se espera: *El contraataque del equipo fue tan **inesperado** que anotaron un gol.*

inhóspito *adjetivo.*
Solitario, que no invita a quedarse: *El paisaje que vio era desolado e **inhóspito**.*

inspirar *verbo.*
Infundir o crear ideas o afectos en alguien: *El gesto tan generoso del banquero **inspiró** a todos a ayudarse mutuamente.*

L

ladera *sustantivo.*
Pendiente de una montaña por cualquiera de sus lados: *Bajamos por la **ladera** de la montaña hasta llegar al lago.*

lava *sustantivo.*
Material fundido e incandescente que vierten los volcanes cuando hacen erupción, y que, al enfriarse, se solidifica y forma rocas: *La **lava** puede alcanzar temperaturas muy altas.*

lograr *verbo.*
Conseguir lo que se intenta: *Mi hermano **logró** llegar al campeonato. Mi abuelo le prometió una sorpresa a mi hermana si **lograba** calificaciones altas.*

lava
El término *lava* es italiano y proviene del latín *labes,* que significa "caer".

M

migrar *verbo.*
Viajar regularmente de un lugar a otro: *Es otoño y las aves van a* **migrar** *hacia el sur. En invierno* **migraré** *para el Caribe.*

montar *verbo.*
Subirse a algo: *Con gran reserva,* **montaron** *en la montaña rusa. Emy* **monta** *en bicicleta todas las tardes.*

O

olfatear *verbo.*
Inspirar por la nariz rápidamente y con un sonido suave: *El perro* **olfateó** *el rastro del niño perdido y lo encontró.*

ondear *verbo.*
Moverse haciendo ondas: *Los peces hacen* **ondear** *el agua del estanque. Todas las banderas* **ondeaban** *al viento en la torre.*

P

paisaje *sustantivo.*
Panorama, terreno visto desde un sitio: *El* **paisaje** *del desierto pintado a lo lejos era impresionante.*

pista *sustantivo.*
Rastro o huella que se deja al pasar; datos que ayudan a resolver un misterio: *La policía sigue una* **pista** *para descubrir a los autores del robo.*

placer *sustantivo.*
Sensación agradable o de plena satisfacción: *Bañarse en el mar cuando hace calor es un auténtico* **placer.**

planeta *sustantivo.*
Cuerpo sólido celeste, sin luz propia, que gira alrededor del Sol o de otra estrella de la que recibe la luz que refleja: *El* **planeta** *rojo es mejor conocido como Marte.*

polen *sustantivo.*
Polvo o conjunto de granos diminutos que se hallan en las anteras de una flor: *Las abejas llevan el* **polen** *de flor en flor.*

por todo *frase preposicional.*
Por todas partes: *Viajó* **por todo** *el mundo en busca de animales para su parque.*

pradera *sustantivo.*
Lugar amplio y llano con hierba y pocos árboles: *El trigo y otros granos crecen muy bien en los terrenos llanos de la* **pradera.**

probar *verbo.*
Comprobar una verdad, examinar o poner a prueba: *La evidencia* **probaba** *que estaba equivocado. El invento no estaba listo. ¡Había que* **probarlo!**

proyecto *sustantivo.*
Plan o diseño que se hace para la realización de algo importante: *Reciclar la basura es un **proyecto** de la escuela.*

púa *sustantivo.*
Espinas que cubren un animal o una planta: *Las **púas** de un erizo son largas y agudas.*

R

reciclar *verbo.*
Procesar los desperdicios o materiales usados para volver a usarlos: *A mi mamá le gusta separar el plástico y el papel para llevarlos a **reciclar.***

recoger *verbo.*
Ir a buscar algo o a alguien para llevarlo consigo: *Laura vino a **recoger** los libros que le presté.*

refugio *sustantivo.*
Algo que protege o cubre: *Fue necesario buscar un **refugio** durante la tormenta.*

regaño *sustantivo.*
Muestra de enojo o disgusto con palabras y gestos que se da a alguien por sus errores: *El **regaño** por parte de su mamá tenía un solo propósito: ayudarlo a ser mejor.*

región *sustantivo.*
Parte de un territorio con características especiales geográficas o socioculturales: *Se ven pocos colibríes en esta **región** de Indiana.*

resbaladizo *adjetivo.*
Muy liso y resbaloso: *Después de la lluvia, las aceras estaban **resbaladizas,** así que tuvimos que caminar con cuidado.*

restos *sustantivo.*
Parte que queda de algo: *Los **restos** del dinosaurio pequeño dieron información útil.*

S

sección *sustantivo.*
Parte de algo o sector: *Cada **sección** de la naranja se llama gajo.*

sincero *adjetivo.*
Que actúa o habla con honestidad: *Mi hermana siente un cariño **sincero** hacia su perro.*

sitio *sustantivo.*
Lugar: *Visitamos un **sitio** arqueológico en nuestra visita a México.*

sección

sobrecalentar *verbo.*
Comunicar calor haciendo
aumentar la temperatura más
de lo normal: *Es peligroso*
sobrecalentarse *al sol. El auto*
se ha **sobrecalentado;** *por eso*
hierve el agua del radiador.

sobrevivir *verbo.*
Subsistir, resistir: *Muchas*
aves migran por instinto para
sobrevivir *y para tener sus crías.*

sólido *adjetivo.*
Macizo, denso o fuerte: *Mi*
vecino necesita un material
sólido *como el hielo para hacer*
su escultura.

sombra *sustantivo.*
Área algo oscura que resulta
cuando se interceptan los rayos
del sol o de una luz: *A mi papá*
le gusta descansar en la **sombra**
debajo del árbol.

somnoliento *adjetivo.*
Que tiene o produce sueño: *El*
gato está **somnoliento** *porque*
durmió una siesta en el jardín.

suficiente *adjetivo.*
Bastante o adecuado para lo que
se necesita: *Algunos animales*
recogen **suficiente** *comida para*
abastecerse en el invierno.

temperatura

travesía

T

tanque *sustantivo.*
Recipiente grande, generalmente
cerrado, que se utiliza para
contener líquidos o gases: *El*
automóvil tiene un **tanque**
de gasolina.

temperatura *sustantivo.*
Nivel de calor o frío medido
en una escala estándar: *La*
temperatura *aumenta en verano*
y disminuye en invierno.

terror *sustantivo.*
Miedo muy intenso o muy fuerte:
A mi hermano le gustan las
películas de **terror.**

traqueteo *sustantivo.*
Movimiento de personas o cosas
que se golpean al transportarlas:
Con el **traqueteo** *del viaje se han*
roto los regalos.

travesía *sustantivo.*
Viaje por mar o por aire: *El*
viaje en barco fue una
travesía *inolvidable.*

trenzar *verbo.*
Entretejer hebras cruzando
alternativamente: *El marinero*
trenzó *la soga para hacerla más*
resistente. A mi hermana le gusta
trenzarse *el cabello.*

tropical *adjetivo.*
De los trópicos o que está
relacionado con ellos: *En la*
región de Amazonia hay una
selva **tropical** *muy extensa.*

V

vacilación *sustantivo.*
Indecisión, duda: *Después de cierta vacilación, decidí probar el brócoli.*

vistazo *sustantivo.*
Mirada superficial y ligera: *El veterinario echó un vistazo al perro y enseguida supo que todavía era un cachorro.*

vorazmente *adverbio.*
De una manera desmesurada, con mucha ansia: *El perrito comió vorazmente toda su comida y pidió más.*

Z

zumbar *verbo.*
Hacer un sonido grave y continuo: *Los mosquitos están zumbando y no me puedo dormir.*

Acknowledgments

Main Literature Selections

The Albertosaurus Mystery: Philip Currie's Hunt in the Badlands by T. V. Padma. Copyright © 2007 by Bearport Publishing Company, Inc. All rights reserved. Reprinted by permission with Bearport Publishing Company, Inc.

Boy, Were We Wrong About Dinosaurs! by Kathleen V. Kudlinski, illustrated by S. D. Schindler. Text copyright © 2005 by Kathleen V. Kudlinski. Illustrations copyright © 2005 by S. D. Schindler. Reprinted by permission of Dutton Children's Books, Division of Penguin Young Readers Group, A Member of Penguin Group (USA) Inc., 345 Hudson Street, New York, NY 10014. All rights reserved.

Dog-of-the-Sea-Waves written and illustrated by James Rumford. Copyright © 2004 by James Rumford. All rights reserved. Reprinted by permission of Houghton Mifflin Publishing Company.

The Journey of Oliver K. Woodman by Darcy Pattison, illustrated by Joe Cepeda. Text copyright © 2003 by Darcy Pattison. Illustrations copyright © 2003 by Joe Cepeda. Reprinted by permission of Houghton Mifflin Harcourt Publishing Company.

The Journey: Stories of Migration written by Cynthia Rylant. Text copyright © 2006 by Cynthia Rylant. Reprinted by permission of The Blue Sky Press, a division of Scholastic, Inc.

Excerpt from *Judy Moody Saves the World!* by Megan McDonald, illustrated by Peter H. Reynolds. Text copyright © 2002 by Megan McDonald. Illustrations copyright © 2000 by Peter H. Reynolds. Reprinted by permission of Candlewick Press, Megan McDonald and Santillana Ediciones Generales, Spain.

Life on the Ice by Susan E. Goodman with photographs by Michael J. Doolittle. Text copyright © 2006 by Susan E. Goodman. Photographs copyright © 2006 by Michael J. Doolittle, except where noted. Reprinted by permission of Millbrook Press, a division of Lerner Publishing Group, Inc. All rights reserved.

Mountains: Surviving on Mt. Everest by Michael Sandler. Copyright © 2006 by Bearport Publishing Company, Inc. All rights reserved. Reprinted by permission of Bearport Publishing Company, Inc.

Excerpt of "My Smelly Pet" from *Judy Moody* by Megan McDonald, illustrated by Peter H. Reynolds. Text copyright © 2000 by Megan McDonald. Illustrations copyright © 2000 by Peter H. Reynolds. Reprinted by permission of Candlewick Press, Megan McDonald and Santillana Ediciones Generales, Spain.

Excerpt from *Sarah, Plain and Tall* by Patricia MacLachlan. Text copyright © 1985 by Patricia MacLachlan. Reprinted by permission of HarperCollins Publishers.

"Stopping by Woods on a Snowy Evening" from *The Poetry of Robert Frost* by Robert Frost. Copyright © 1969 by Holt, Rinehart and Winston, Inc. Reprinted by permission of Henry Holt & Company.

A Tree Is Growing by Arthur Dorros, illustrated by S. D. Schindler. Text copyright © 1997 by Arthur Dorros. Illustrations copyright © 1997 by S. D. Schindler. Reprinted by permission of Scholastic Press, a division of Scholastic, Inc.

Credits

Illustration

Cover Brandon Dorman; **4** (bl) Liz Amini Holmes; **5** (tl) Robert D. San Souci; (bl) Kris Wiltse; **6** (tl) Alexandra Wallner; (cl) Alex Steele-Morgan; **7** (cl) Diane Greenseid; **67** Peter Bull; **120–123** Liz Amini Holmes; **132–151** Robert D. San Souci; **190–193** Kris Wiltse; **206–221** Alexandra Wallner; **227–228** Dan Bridy; **252** Ortelius Design, Inc.; **260–262** Alex Steele-Morgan; **350** Steve Toole; **368–371** Diane Greenseid

All other photos Houghton Mifflin Harcourt Photo Libraries and Photographers